外语

数字化转型路径探究

常晓霞 著

中国商业出版社

图书在版编目(CIP)数据

外语教学数字化转型路径探究 / 常晓霞著. -- 北京 : 中国商业出版社，2024. 6. — ISBN 978-7-5208-2959-5

Ⅰ. H09-39

中国国家版本馆 CIP 数据核字第 2024Q680P7 号

责任编辑：朱丽丽

中国商业出版社出版发行

（www.zgsycb.com　100053　北京广安门内报国寺 1 号）

总编室：010－63180647　编辑室：010－63033100

发行部：010－83120835/8286

新华书店经销

北京虎彩文化传播有限公司印刷

*

787 毫米×1092 毫米　16 开　8.25 印张　143 千字

2024 年 6 月第 1 版　2024 年 6 月第 1 次印刷

定价：45.00 元

* * * *

（如有印装质量问题可更换）

前　言

在当今信息化、数字化的时代背景下，外语教学正迎来一场前所未有的深刻变革。数字化转型不仅改变了传统的教学模式，更为外语学习带来了更加广阔的空间和无限的可能性。随着科技的飞速发展，数字化技术已经渗透到我们生活的方方面面，外语教学领域也不例外。传统的外语教学方式往往依赖于课堂教学和纸质教材，学生的学习方式相对单一，难以满足不同学生的个性化需求。而数字化转型能够打破这一局限，使外语教学更加灵活、多样和高效。因此，探究外语教学数字化转型路径意义非凡。

本书从外语教学概论入手，介绍了外语教学数字化转型的技术基础，论述了外语教学数字化平台构建，对外语教学资源的数字化转型实践进行深入分析，并对外语教学方法的数字化转型实践进行探索。希望本书，能够为读者在外语教学数字化转型路径方面提供帮助。

本书主要汇集了笔者在工作、实践中取得的一些研究成果。在撰写过程中，笔者参阅了相关文献资料，在此，谨向其作者深表感谢。

由于笔者水平有限，加之时间仓促，书中难免存在一些不足和疏漏，敬请广大读者批评指正。

常晓霞

2024 年 4 月

目　录

第一章　外语教学概论

第一节　外语教学概述

一、外语教学的特点

（一）语言性

语言是人类文明进步的重要载体，也是外语教学的核心要素。无论是词汇、语法、语音语调，还是语言背后所蕴含的思维方式和文化内涵，都构成了外语教学的基本内容。因此，外语教学必须高度重视语言这一基本属性，将语言知识和技能的训练贯穿于教学全过程。

词汇教学是语言教学的基石，词汇量的大小直接影响着学生语言理解和表达的广度与深度。教师应在教学中有计划、有步骤地扩大学生的词汇量，帮助其建立起完整的词汇知识体系。同时，还要重视词汇的语境练习，引导学生在具体语境中感悟词汇的意思和用法，提高其语言运用能力。语法教学是语言教学的重要内容。语法规则是语言的骨架，掌握语法规则是运用语言的前提。教师应将语法教学与语言实践相结合，引导学生在大量的语言输入和输出中归纳语法规律，内化语法知识。此外，还要注重培养学生语法意识，使其能够在语言运用中自觉遵循语法规则。

语音语调教学是语言教学的重要环节，准确、流利、得体的语音语调是语言交际的基础。教师应加强语音语调训练，通过听说结合、目标语模仿等方式，帮助学生掌握标准的发音和自然的语调。同时，还要关注学生的口语表达能力，创设真实的语言情境，鼓励其开口表达，提升语言运用水平。

语言是文化的载体，蕴含着丰富的文化内涵。教师应加强语言文化教学，帮助学生了解目标语国家的历史、地理、风俗习惯等，体会不同文化的差异和魅力。通过语言文化的学习，学生不仅能够拓宽国际视野，提升人文素养，更能够在跨文化交际中展现自信与包容。

（二）文化性

文化是一个民族的灵魂，也是一门语言的底蕴。语言与文化如同一枚硬币的两面，相互交融、相得益彰。在外语教学过程中，单纯地进行语言知识和技能的传授是远远不够的，教师还应重视目标语言国家文化背景知识的渗透与引导，帮助学生搭建起全面、立体的语言文化认知框架。

1．语言是文化的载体，蕴含着丰富的文化内涵

每一个词汇、每一种表达方式的背后，都隐藏着对应民族独特的历史记忆、价值观念和思维方式。例如，中国人见面时的招呼语常常是“吃了吗”，折射出中华民族重视人情往来、关心他人生活的文化传统；而西方人则更多使用“How are you”一类问候语，强调个人空间和隐私的不可侵犯。如果学生不了解这些词汇、表达背后的文化内涵，就无法真正领会语言的奥秘，也难以在跨文化交际中得体地表达。

2．文化背景知识的学习有助于提升学生的语言应用能力

语言学习的最终目的是运用，而语言运用能力的培养必须置于特定的文化语境之中。只有将语言形式与其所承载的文化内容有机结合，学生才能真正把握语言的精髓，提高语言的表达效果。有位语言学家曾经说过：“掌握一门语言的诀窍在于体验其中的文化。”可见，没有相应的文化体验与感悟，语言学习就像是无根之木，学生难以领会其中的韵味，也无法举一反三、灵活运用。因此，教师要善于利用各种教学资源，如文学作品、影视片段、新闻报道等，多角度、多层次地展现目标语言国家的文化背景，引导学生在具体的语境中感知和理解语言的文化内涵，在潜移默化中提升学生语言运用的能力。

3．跨文化交际能力的培养离不开文化背景知识的学习

语言是交际的工具，外语教学的根本目标是培养学生跨文化交际的能力。而要真正实现有效的跨文化交际，仅仅掌握语言形式是不够的，还需要深入了解目标语言国家的文化传统、风俗习惯、价值观念等，这样才能在交流中准确把握对方的言外之意，避免因文化差异而导致的误解和冲突。例如，称赞在中西方文化中就有着截然不同的内涵。中国人常常谦虚地回应称赞，认为直接接受是一种傲慢、无礼的表现；而西方人则习惯直截了当地对他人的称赞表达谢

意，过度的谦虚反而会让对方觉得虚伪、做作。如果学生不了解这种文化差异，就可能在跨文化交际中出现尴尬和不愉快的情况。因此，教师要注重培养学生换位思考的意识和能力，引导其站在目标语国家文化的视角分析问题，提高文化敏感性和包容性，从而成为一名合格的跨文化交际者。

4. 文化习得是语言学习的内在需求和动力源泉

一门语言的学习过程，本质上是一个文化习得和内化的过程。当学生对目标语言国家的文化产生兴趣和好奇时，也就找到了语言学习的内在动机。教师应充分利用这一点，将语言教学与文化导入紧密结合，激发学生探索文化奥秘的热情。例如，教师可以组织丰富多彩的文化体验活动，如品尝异国美食、欣赏民族音乐、体验传统节日等，让学生在轻松愉悦的氛围中感受语言的魅力。又如，教师可以设计跨文化交流项目，鼓励学生与目标语言国家的同龄人开展对话与讨论，在平等互动中加深对彼此文化的理解。总之，唯有将静态的文化知识转化为动态的文化体验，才能引导学生主动走进语言的殿堂，不断提升文化修养和语言运用能力。

（三）实践性

外语教学作为一项复杂而系统的教育实践活动，其核心目标是培养学生运用外语进行交际的能力。这一目标的实现，离不开大量的语言实践活动。实践性正是外语教学区别于其他学科教学的显著特点之一。

语言作为人类最重要的交际工具，其习得和运用都需要在实践中反复操练、不断强化。课堂教学虽然能够为学生提供系统的语言知识输入，但如果缺乏足够的实践机会，学生难以真正掌握语言，更谈不上灵活运用。因此，在外语教学中为学生创设丰富多样的语言实践活动，让其在模拟或真实的语境中学以致用，是培养语言运用能力的关键所在。

在信息技术快速发展的今天，借助多媒体、网络等手段开展外语实践，能够打破时空限制，拓展语言学习的广度和深度。例如，利用在线学习平台组织跨文化交流，让学生与来自不同国家和地区的同伴开展对话互动，不仅能够提高语言运用能力，更能培养多元文化意识和国际理解力。再如，鼓励学生参与外语类慕课平台、优质网络课程的学习，接触权威的语言材料和学习资源，实现个性化、自主化的语言实践。

二、外语教学的目标

（一）语言能力目标

语言能力是外语教学的核心目标之一，它涵盖了听、说、读、写、译等多个方面。培养学生全面的语言技能，是外语教学的重要任务。这不仅关乎学生外语水平的提升，更关系到其综合素质的塑造和未来发展的潜力。

1. 听力

在听力方面，外语教学应着力提高学生的语音辨识能力、语篇理解能力和笔记能力。教师可以通过选取不同题材、不同风格的听力材料，设计多样化的听力活动，如听音辨义、听后复述、听力笔记等，来锻炼学生的听力技能。同时，教师还应引导学生掌握科学的听力策略，如预测、推理、归纳等，提高其听力的准确性和效率。

2. 口语

在口语方面，外语教学的目标是培养学生在真实语境中进行有效交流的能力。这就要求教师在教学中创设贴近生活、富有情境的口语任务，如角色扮演、小组讨论、即兴演讲等，鼓励学生开口表达、互动交流。教师还应关注学生在语音、语调、流利度等方面的训练，帮助其克服心理障碍，建立自信。

3. 阅读

在阅读方面，外语教学应培养学生的独立阅读能力和批判性思维能力。教师可以选取难度适中、内容多样的阅读材料，引导学生运用略读、寻读、精读等不同的阅读策略，提升其阅读速度和理解深度。同时，教师还应设计开放性的问题，鼓励学生质疑、评判、延伸文本内容，发展其高阶思维能力。

4. 写作

写作是外语学习的重要输出方式，也是综合运用语言知识和技能的体现。外语教学应着力提高学生的语篇组织能力、语言表达能力和思辨创新能力。教师可以引导学生模仿优秀范文，掌握不同体裁的写作要求和技巧；开展写作工坊活动，鼓励学生互评互改，共同提高；布置开放性的写作任务，激发学生的创造力和想象力。

5．翻译

翻译能力是衡量学生外语综合运用能力的重要标准。外语教学应注重培养学生语际转换的意识和技巧，提高其翻译的准确性、得体性和流畅性。教师可以通过对比分析译文与原文的异同，揭示翻译的规律和策略；开展翻译实践活动，锻炼学生的快速反应和灵活处理能力；引导学生关注跨文化交际的语境，提高其语用意识。

（二）文化意识目标

提高学生跨文化理解和交际能力是现代外语教学的重要目标之一。在全球化时代，不同文化背景下的人们需要频繁地交流互动，文化差异可能导致误解和冲突的发生。因此，培养学生对不同文化的敏感性和包容性，提升其在跨文化情境中有效沟通的能力，成为外语教学不可或缺的内容。

语言与文化密不可分。每一种语言都深深植根于其所在的文化土壤，承载着独特的价值观念、思维方式和行为规范。真正掌握一门外语，不仅要熟练运用语言符号，更要深入理解语言背后的文化内涵。只有了解并尊重目标语言国家的文化传统、社会习俗等，才能在跨文化交际中准确把握语言的弦外之音，避免因文化差异而产生的误读和冒犯。

在教学实践中，教师应充分利用教材资源，挖掘其中蕴含的文化要素，引导学生比较不同文化之间的异同，体验多元文化的魅力。通过讲解词汇的文化含义、分析语篇的文化背景、讨论不同文化的价值取向等，帮助学生建立起对目标语言国家文化的整体认知。同时，教师还应创设贴近真实情境的跨文化交际任务，如角色扮演、案例分析等，让学生在模拟实践中学会换位思考，提高文化敏感性和处理文化冲突的能力。

教师应引导学生反思母语文化，增强文化自觉。只有深刻认识本土文化的特质，才能在比较中辨析文化差异，在交流中坦然面对文化碰撞。通过探讨中外文化的共性和个性，学生能够形成开放包容的文化态度，既热爱本民族文化，又尊重世界文化的多样性，这才是跨文化交际能力的关键所在。

发展学生跨文化交际能力，需要外语教学的方方面面形成合力。教材编写应增加文化因素的比重，精心设计体现文化对比的语言项目；教学活动应注重在真实语境中体验和运用语言文化知识；评价体系应关注学生在跨文化交际中的语言运用能力和文化意识。唯有如此，才能真正实现学生从语言学习者到跨文化交际者的角色转变。

三、外语教学的原则

（一）以学生为中心

以学生为中心的教学理念强调关注每一位学生的个性化学习需求，尊重学生的主体地位，采用灵活多样的教学方式，最大限度地激发学生的学习兴趣和潜能。这一理念的提出，是基于对学生身心发展规律和学习特点的深刻洞察，体现了现代教育从“教”到“学”的重大转变。

在外语教学中贯彻以学生为中心的理念，意味着教师要充分了解学生的语言基础、学习风格、兴趣爱好等，据此设计个性化的教学内容和方案。与传统的“一刀切”式教学不同，个性化教学强调因材施教，针对不同学生的特点提供差异化的学习支持。例如，对于基础薄弱的学生，教师可以通过补充练习、个别辅导等方式给予其更多帮助；而对于语言天赋较高的学生，则可以提供更具挑战性的任务，引导其进一步提升语言能力。

以学生为中心的外语教学要注重创设真实的语言情境，鼓励学生在实践中学习和运用语言。传统的外语课堂往往以教师讲授为主，学生被动地接受知识，很少有开口表达的机会。而在以学生为中心的教学中，教师更多地扮演引导者和协助者的角色，为学生提供大量的语言实践活动，如角色扮演、小组讨论、项目合作等，让学生在模拟真实交际场景中锻炼语言交际能力。

（二）交际性教学

交际性教学理念强调在真实语境中培养学生的语言交际能力。这一理念源于语言学界对语言本质的新认识，即语言是人们交流思想、传递信息的工具，其核心功能在于交际而非结构。传统的外语教学过于重视对语法结构的讲解和训练，忽视了语言的交际功能，导致学生虽然掌握了大量语法知识，但却难以在实际交流中灵活运用。交际性教学则从语言的本质出发，力图在真实的交际情境中培养学生运用语言进行有效沟通的能力。

为了实现交际性教学的目标，教师需要精心设计教学内容和活动，为学生创设真实的语言使用环境。这就要求教学材料应贴近学生生活，选取日常交流中常见的话题和场景，如问路、购物、就餐等。同时，教师还应设计丰富多样的交际任务，如角色扮演、小组讨论、辩论等，鼓励学生积极参与，在交流互动过程中学习和运用语言。这种情境化、任务型的教学模式能够激发学生的交际兴趣，提高其语言运用能力。

在交际性教学中，语法知识的传授不再是目的，而是为交际服务的手段。教师应根据交际任务的需要有针对性地讲解语法点，帮助学生理解语法结构在实际交流中的作用。同时，教师还应引导学生在交际实践中归纳语法规律，加深对语法知识的理解和掌握。这种将语法教学融入交际活动的做法，能够提高语法教学的效率和实效性。

在真实语境中学习语言，学生不仅能够掌握语言知识，还能培养交际策略和跨文化交际能力。在与他人互动的过程中，学生能够学会如何选择恰当的语言形式，如何把握交流的分寸，如何调节语言表达的策略。同时，他们还能接触到不同文化背景下的语言使用方式，了解文化差异对语言交流的影响，提高跨文化交际意识和能力。这些都是传统语法翻译教学难以企及的。

四、外语教学的价值

（一）促进学生综合发展

外语学习的过程不仅仅是语言知识和技能的获取，更是学生综合素质的培养和提升的过程。通过系统、科学的外语教学，学生不仅能够掌握一门外语，开阔国际视野，更能够得到全面的发展。

从认知能力的角度来看，外语学习能够有效训练和提高学生的思维能力。语言是思维的载体，不同的语言蕴含着不同的思维方式。学习外语，尤其是与母语迥异的语言，学生必须跳出固有的思维定式，学会换位思考，站在不同文化的视角去理解和表达。这一过程有助于学生形成灵活、开放的思维品质，提高分析问题、解决问题的能力。同时，在翻译、写作等外语学习活动中，学生需要提炼语言要点，组织语言逻辑，这也是对其逻辑思维能力的极大锻炼。

从文化修养的角度来看，外语学习是学生提升人文素养、培养跨文化意识的重要途径。语言是文化的载体，蕴含着丰富的历史积淀和人文内涵。通过学习外语，学生能够深入了解异国的风土人情、思想观念、价值取向，领略不同文明的魅力，拓宽文化视野。在比较中外文化异同的过程中，学生能够反思本国文化，形成包容、开放的文化态度，这对其人格塑造和价值观念的形成具有重要意义。此外，许多外语经典名著都是人类智慧的结晶，蕴藏着深邃的哲学思想和人文关怀。通过阅读这些作品，学生能够感悟人生，升华情操，提升自身的文化品位和审美情趣。

从情感态度的角度来看，外语学习有助于学生培养自信、勇于探索的品格。语言学习是一个循序渐进、日积月累的过程，学生必须克服重重困难，不断突破自我，才能取得进步。这一过程能够磨砺学生的意志，培养其坚忍不拔、百折不挠的品质。同时，随着外语能力的提高，学生能够更从容地面对不同的文化环境，用外语与他人交流，这将极大增强其自信心和成就感。在与外语国家的人士交往中，学生虽然会受到文化差异的冲击，但这种冲击也是一种宝贵的情感体验，能够开阔胸襟，包容差异，形成积极向上的情感态度。

（二）服务国家发展战略

外语人才的培养是国家参与全球化竞争的重要保障。在当今世界经济一体化、文化多元化的大背景下，国家综合实力的竞争归根结底是人才的竞争。一个国家能否在激烈的国际竞争中立于不败之地，关键在于能否培养出一大批具有全球视野、通晓国际规则、精通外语的高素质人才。

1. 提升国家软实力，传播中华文化

语言是文化的载体，也是沟通的桥梁。通过外语人才的跨文化交流和传播，可以让世界更好地了解中国，听到中国的声音，感受中华文明的魅力。这对于提升我国的国际形象、展示大国风范、增强文化自信具有重要意义。同时，外语人才还能够吸收借鉴人类优秀文明成果，促进中外文化交流互鉴，为构建人类命运共同体贡献智慧和力量。

2. 推动经济社会发展，服务国家战略需求

随着“一带一路”建设的深入推进，我国与共建国家的经贸合作、人文交流日益密切，迫切需要大量通晓相关国家语言和文化的复合型外语人才。这些人才不仅要精通语言，还需要掌握经贸、法律、科技等专业知识，才能够在国际舞台上维护我国利益，推动中外务实合作，促进共同发展。此外，面对逆全球化思潮、单边主义行径带来的挑战，外语人才更是维护多边主义、构建开放型世界经济的中坚力量。

第二节　外语教学的内容

一、外语听力教学

（一）听力理解训练

听力理解训练是外语教学中至关重要的一环，它直接关系到学生语言输入的质量和语言习得的效果。在听力教学中，教师应当充分利用多样化的听力材料，全方位提升学生对语音、语调、语速等语言要素的理解能力。

从语音层面来看，教师可以选取发音清晰、口音地道的音频素材，引导学生辨析语音的细微差别，如辅音的清浊、元音的长短、音节的重读等。通过反复聆听和模仿，学生能够掌握目标语言的语音规则，养成标准的发音习惯。同时，教师还应关注学生的听音障碍，针对其薄弱环节进行有针对性的训练，如连读、弱读、音变等特殊语音现象。

在语调方面，教师应选择富有情感色彩、语调变化明显的听力材料，如新闻播报、电影对白、诗歌朗诵等，引导学生体会语调的升降抑扬与情感表达的关系。通过分析语调的语用功能，学生能够理解语调在传递信息、表达情感中的重要作用，提高语言的表现力和感染力。例如，教师可以设计情境式对话练习，要求学生用恰当的语调表达惊讶、疑问、肯定等不同情绪，提高语调运用的灵活性。

语速是影响听力理解的另一重要因素，教师应选取不同语速的听力材料，循序渐进地提高学生的听力接受能力。在初级阶段，可以选用语速较慢、话题相对熟悉的材料，让学生在舒适的语速中积累词汇、了解语法结构。随着学生语言水平的提高，教师可以逐步增大难度，选取语速更快、信息量更大的材料，如学术讲座、辩论赛等，锻炼学生在实际语境中快速理解信息的能力。同时，教师还可以利用语速调节工具，让学生在不同语速下进行跟读、复述等练习，找到适合自己的最佳听力语速。

（二）听力笔记技巧

听力笔记是有效进行听力训练的重要技能，对于提升学生的听力水平和信息整合能力具有重要作用。在外语听力教学中，教师应该重视听力笔记技巧的指导，帮助学生掌握科学、高效的笔记方法，从而最大限度地捕捉和吸收听力材料中的关键信息。

听力笔记的核心在于有选择性地记录，而非机械地书写。学生在听音过程中，需要快速判断信息的重要程度，择取关键词语、数字、事实等进行记录。这就要求学生在平时的学习中不断积累词汇量，并熟悉听力材料的题材和体裁，以便在实际听音时迅速作出判断。同时，学生还应该掌握一些简单有效的缩写和符号，比如缩写常见的单词，用箭头代替因果关系等。这些技巧可以大大提高记录的速度和效率。

教师在指导听力笔记时，应该强调“先听后记，边听边想”的原则。很多学生在听音时过于关注笔记本，试图逐字逐句地记录，结果错过了大量信息。因此，教师要引导学生集中注意力，先尝试理解音频的大意，在头脑中迅速处理和分析信息，再有针对性地进行记录。教师还可以在课堂上示范笔记的要领，或者引导学生交流心得，互相借鉴有效的方法。

在听力教学中，听力笔记只是辅助手段，最终目的是提高学生对语音信息的理解和运用能力。因此，在笔记指导的同时，教师还应注重引导学生在课后复习和回顾笔记，将零散的信息点连缀成系统的知识体系。学生也应该主动利用笔记进行复述练习，将听到的内容转化为自己的语言表达出来。只有在听、记、背、说等环节中反复锻炼，才能真正提升听力水平。

（三）听后复述练习

听后复述练习在外语听力教学中同样发挥着重要作用，它能够有效促进学生对听力内容的吸收和理解。在听力练习结束后，教师引导学生用自己的语言复述所听内容，不仅能够检验学生对听力材料的理解程度，更能够帮助学生巩固所学知识，提升语言表达能力。

听后复述练习的过程，实质上是学生对听力内容进行主动思考和内化的过程。在复述时，学生需要回想听力材料的主要内容，梳理信息间的逻辑关系，并用连贯、通顺的语言表达出来。这一过程不仅涉及记忆力的运用，更需要分析、归纳、综合等多种思维能力的参与。通过听后复述，学生能够更深入地领会听力材料的中心思想，把握重要细节，从而真正实现对听力内容的吸收与理解。

从语言输出的角度来看，听后复述练习为学生提供了宝贵的口语表达机会。

在复述过程中，学生需要调动已有的词汇、语法知识，根据听力内容选择恰当的表达方式，并注重语言的流畅性和逻辑性。这不仅能够锻炼学生的语言组织能力，提高其口语表达的准确性和得体性，更能够增强学生的语言运用自信。长此以往，学生的外语口语水平必将得到全面提升。

听后复述练习能培养学生的综合语言运用能力，在复述时，学生不仅要关注词汇、语法等语言要素，还要考虑语境、语用等因素对表达的影响。这就要求学生在理解听力内容的基础上，根据具体情境灵活运用语言知识，恰如其分地表情达意。这种综合运用语言的能力，正是外语学习的终极目标。而听后复述练习无疑为学生提供了发展这一能力的绝佳平台。

二、外语口语教学

（一）发音训练

发音训练是外语教学中至关重要的一个环节，其目的在于帮助学生准确地掌握目标语言的语音、语调和节奏，为后续的语言学习和应用奠定坚实的基础。在发音训练过程中，教师需要重点关注音位、重音和语调等方面，采用科学、系统的教学方法，提高学生语音的准确性和流利性。

1. 音位

音位是语音的最小有意义单位，是构成语言的基本材料。在外语教学中，教师应该帮助学生建立起清晰、准确的音位概念，了解不同语言在音位方面的差异。例如，英语中存在许多汉语没有的音位，如/θ/、/ð/、/v/等，学生往往容易混淆或发不准这些音位。针对这些难点音位，教师可以通过口形示范、发音器官图解等方式，让学生直观地感知它们的发音方法和部位。同时，教师还应设计有针对性的音位练习，如最小对比练习、音位替换练习等，帮助学生巩固和内化这些音位。

2. 重音

重音是指词语中音节的轻重缓急和高低升降，是英语等语言的重要韵律特征。恰当的重音不仅关乎语音的准确性，更关乎语义的表达。因此，在教学过程中，教师应向学生讲解重音的规律和作用，提醒其在语流中准确把握重读音节。例如，教师可以通过对比练习，让学生感知重音错位导致的语义变化，如“ˈimport”（进口）和“imˈport”（重要性）的区别。在练习中，教师还可引导学生通过手势、韵律标记等方式，形象地表现出重音的位置和强度，加深学生的印象。

3．语调

语调是指语句中音高的升降变化，传递着说话人的语气和情感。不同的语调形式会赋予语句不同的交际功能和情感色彩。因此，在教学过程中，教师需要帮助学生理解语调的功能和类型，掌握语调的基本形式和意义。例如，教师可以通过示范朗读，让学生感知陈述句、疑问句、感叹句等不同句型的语调特点。在操练中，教师还可以创设具体的情境，引导学生用适当的语调表达特定的情感和态度，如惊讶、怀疑、肯定等，提高学生语调运用的灵活性。

4．语音的连贯性和流利性

语音连贯是指在语流中，音位、音节、词语之间的连接应该平滑自然，没有过多的停顿和中断。而语音流利则强调发音的自如程度，能够在一定的语速下准确、清晰地表达。为了提高学生语音的连贯性和流利性，教师可以采用多种科学的训练手段，如绕口令练习、节奏练习、美文朗读等，并适当增加语速，以模拟真实的语言环境。

（二）情境对话练习

情境对话练习是口语教学中最为常见和有效的方法之一。它通过设置贴近生活的对话情境，引导学生在模拟的语境中运用所学语言知识进行交际，从而提升其口语表达和交际能力。这种教学方式不仅能激发学生的学习兴趣，调动其主动性和积极性，更能促进语言知识的内化和迁移，帮助学生形成良好的语言应用习惯。

在设计情境对话练习时，教师应充分考虑学生的语言水平、认知特点和兴趣爱好，精心选择或创设符合教学目标、富有吸引力的对话情境。这些情境应涵盖日常生活、校园交往、社会热点等多个领域，既要贴近学生的生活实际，又要具有一定的挑战性，引导学生在对话中不断尝试、探索和提升。例如，在教授“购物”话题时，教师可以设计“在超市选购商品”“网上购物”等情境，引导学生运用相关词汇和句型进行对话练习。

在实施情境对话练习的过程中，教师应根据教学内容和学生特点，灵活采用多种组织形式，如角色扮演、小组讨论、即兴表演等，营造轻松愉悦的课堂氛围，激发学生的参与热情。同时，教师还应提供必要的语言支持和及时的反馈，引导学生在对话中注重语音、语调、语速等语言要素，提高语言表达的准确性和得体性。例如，教师可以通过示范、提示、纠错等方式，帮助学生掌握正确的发音和语法结构，提升语言输出的流利度和连贯性。

情境对话练习还应与其他教学活动有机结合，形成完整、系统的教学流程。教师可以在对话练习开始前，通过语音、视频、图片等多媒体手段导入话题，帮助学生理解对话情境和语言材料；在对话练习结束后，组织学生进行总结、反思和拓展，深化其对语言知识的理解和运用。这种整合式的教学设计，能够充分调动学生的感官和思维，促进语言学习的深度和广度。

（三）演讲与辩论

演讲与辩论是外语口语教学的重要组成部分，对于提升学生的逻辑思辨能力和口头表达能力均具有重要意义。在演讲与辩论活动中，学生需要围绕特定主题，收集资料，组织语言，陈述观点，反驳对方，这一系列过程不仅能够锻炼其批判性思维，还能够提高其语言组织和表达的综合技能。

从逻辑思辨能力的培养来看，演讲与辩论活动要求学生全面分析问题，提出自己的见解，并以合理的论据支撑自己的观点。在这一过程中，学生需要明确论点，梳理论据，把握论证结构，提高论证的严密性和说服力。同时，学生还需要审慎评估对方的论点，寻找其中的漏洞，提出反驳意见。这些环节都对学生的逻辑分析和推理论证能力提出了较高要求，有助于培养其缜密的思维方式和周密的思考习惯。

从口头表达能力的提升来看，演讲与辩论活动为学生提供了大量的语言实践机会。在准备演讲稿或辩论资料时，学生需要遴选恰当的词汇，组织连贯的语句，使表达更加精准、流畅。在现场发言时，学生需要注重语音、语调、语速等语言要素，增强语言的感染力和说服力。此外，学生还需要根据现场情况灵活调整语言策略，对听众或对手的提问进行恰当回应。这些实践不仅能够锻炼学生的口语表达技巧，还能提高其临场应变、快速反应的能力。

组织有效的演讲与辩论活动需要教师在主题设置、流程设计、指导反馈等方面下足功夫。首先，教师应选择贴近学生生活、富有时代性和争议性的主题，激发学生的参与热情。其次，教师要合理设计演讲和辩论的流程，如准备时间、发言时间、提问时间等，确保活动的流畅性和公平性。再次，教师应提供必要的指导和示范，帮助学生掌握演讲与辩论的基本技巧，提升语言的准确性和得体性。最后，教师要给予及时的反馈和评价，肯定学生的进步，指出不足之处，促进其不断改进和提高。

三、外语阅读教学

（一）阅读策略指导

阅读策略指导是外语阅读教学的重要组成部分，它旨在帮助学生掌握科学、高效的阅读方法，提升其阅读理解能力和阅读速度。预测、略读、寻读等都是实用性很强的阅读技巧，对于提高学生的阅读效率具有重要意义。

1. 预测

预测是指根据文章题目、插图、段落首句等线索，推测文章的主题、内容和写作目的。这一策略能够帮助学生快速把握文章大意，形成阅读预期，从而以针对性更强的方式进行阅读。在教学中，教师可以设计预测练习，如根据关键词汇编写文章大纲，根据首段推测文章结构等，引导学生在阅读前主动思考，激活相关背景知识。通过预测训练，学生能够建立起对文本的整体认知框架，降低阅读的难度，提高阅读的针对性。

2. 略读

略读是一种快速阅读方式，重点关注文章的主题句、关键词等，以获取文章的主要信息。教师应向学生讲解段落大意句的特点和识别方法，指导其通过略读每段的首句、尾句以及转折、因果等关系句，快速了解文章梗概。同时，教师还要引导学生关注文章的标题、副标题、图表等，这些都是把握文章重点的直观线索。通过掌握略读策略，学生能够在较短时间内对文章内容有一个概括性的理解，为进一步的阅读奠定基础。

3. 寻读

寻读是一种目的性很强的阅读方式，常用于快速查找文中的特定信息，如数字、日期、地点、人名等。教师应向学生介绍寻读常见的语言标志，如疑问词、特殊符号、大写字母等，同时让学生掌握基于这些标志的快速搜索、定位技巧。在设计寻读练习时，教师可以为学生提供清晰的阅读目的，如查找文中出现的四个地名，找出文章提及的三项改革举措等，引导学生带着问题去阅读，增强其阅读的主动性和针对性。通过寻读训练，学生能够迅速、准确地获取所需信息，大大提高阅读效率。

（二）文本细节理解

阅读理解是文本细节理解的重要基础，也是加强阅读理解深度和准确性的关键。在外语教学中，教师应引导学生在阅读过程中注重对文本细节的分析，深入挖掘字里行间蕴含的丰富信息，构建起对文本全面、精准的理解。

1. 引导学生关注关键词句，把握文本脉络

一篇文章通常围绕着某个中心主题展开，而这一主题通常会体现在标题、段首句、段尾句等关键位置。教师可以指导学生快速浏览全文，标记出这些关键词句，梳理出文章的整体脉络。在此基础上，再引导学生深入阅读每个段落，厘清作者的思路发展过程。通过对关键词句的把握，学生能够更准确地理解文章的中心思想，为进一步分析文本细节奠定基础。

2. 引导学生分析语篇衔接手段，理解语句间逻辑关系

语篇衔接是构成文本的重要手段，作者往往通过连接词、代词、重复等方式实现语句间的紧密联系。教师可以引导学生关注这些衔接手段，分析它们所传递的逻辑关系，如因果、并列、转折、递进等。同时，教师还可以设计一些练习，如给出若干个语句，让学生选择合适的连接词将其连成语篇；或者删除文中的连接成分，让学生根据上下文线索还原词语，等等。通过这些练习，学生能够加深对语篇衔接手段的理解，提高把握语句间逻辑关系的能力。

3. 引导学生推敲作者的语言策略，揣摩弦外之音

优秀的文章往往蕴含着丰富的言外之意，作者或委婉含蓄，或直抒胸臆，

都有其独特的表达意图。教师可以引导学生分析作者的语言策略，如比喻、夸张、反问等修辞手法，思考作者为何要这样表达，传递了怎样的情感。同时，教师还可以设计一些开放性问题，鼓励学生畅所欲言，阐述自己对文本言外之意的理解。在这一过程中，学生不仅能够加深对作者表达策略的领悟，更能提升语言的敏感性和解释力。

4. 引导学生结合背景知识，拓展文本理解的深度

任何文本都不是孤立存在的，它与一定的社会文化背景密切相关。教师可以为学生提供必要的背景知识，如作者生平、创作时代、文化习俗等，引导学生在更广阔的视野中解读文本。同时，教师还可以鼓励学生主动查阅相关资料，通过多种渠道了解文本的背景信息。学生通过对背景知识的积累和运用，能够突破文本字面意义的局限，获得更深层次的认识和感悟。

5. 引导学生在理解的基础上质疑，实现创新性阅读

批判性和创新性思维是深度阅读的重要表现。教师应鼓励学生在理解文本的基础上提出问题，发表自己的看法，甚至质疑作者的观点。同时，教师还可以设计一些延伸性的课题，引导学生运用所读文本的知识和方法，解决现实中的实际问题。在质疑与创新的过程中，学生不仅能够深化对文本的领悟，更能锻炼批判性和创新性思维，提升分析问题、解决问题的综合能力。

（三）主题阅读拓展

主题阅读拓展是外语阅读教学的重要组成部分，它通过围绕阅读主题开展课外阅读活动，引导学生在更广阔的语境中深入理解课文内容，拓展相关知识，提升语言运用能力。这种教学方式不仅有助于加深学生对课文主题的认识，更能激发其探究兴趣，培养自主学习的意识和能力。

在主题阅读拓展活动中，教师应精心选择与课文主题紧密相关的阅读材料，如新闻报道、文学作品、科普文章等，以拓宽学生的知识视野。这些材料在体裁、风格上可以多样化，但在内容上必须与课文形成呼应，构成有机的知识网络。通过对比分析不同材料之间的异同，学生能够发现语言表达的规律，领悟文化内涵的深意，形成多元化的思维方式。

在实施主题阅读拓展时，教师应引导学生运用各种阅读策略，如略读、寻读、猜词等，提高阅读效率和理解水平。同时，教师还可以设计一些开放性的

问题，鼓励学生发表自己的见解，开展小组讨论或辩论，在交流互动中加深对文章主题的理解。这种自主探究、合作学习的过程，不仅能够促进学生语言知识的内化，更能培养其批判性思维和创新意识。

在实施主题阅读拓展时，应注重与写作教学的结合。教师可以引导学生就阅读主题进行写作实践，如撰写读后感、研究报告、创意作文等，鼓励其综合运用所学语言知识和技能，表达自己的观点和情感。这种将输入转化为输出的过程，能够加深学生对语言的理解和运用，提高其综合语言运用能力。

四、外语写作教学

外语写作教学是外语教学中不可或缺的重要组成部分，对于提高学生的语言运用能力、培养其跨文化交际意识具有重要意义。随着全球化进程的加速，国际交流日益频繁，良好的外语写作能力已经成为现代人必备的素质之一。因此，如何有效开展外语写作教学，提升教学质量，已经成为外语教育工作者亟待解决的现实问题。

（一）系统梳理教学内容

外语写作涉及语言知识、写作策略、文化背景等多个方面内容，各知识点之间又存在着错综复杂的逻辑关系。如果教师不能在教学中有效梳理这些内容，学生就难以建立起完整、系统的写作知识架构，更谈不上灵活运用。因此，教师应在备课阶段深入研究教材，厘清各章节、各知识点之间的内在联系，构建起科学、合理的教学内容体系。在教学过程中，教师还应引导学生主动思考，鼓励其探索语言和写作之间的关联，帮助其形成系统化的写作思维方式。只有这样，学生才能真正掌握外语写作的基本理论、基本知识和基本方法，为未来的跨文化交际奠定坚实基础。

（二）创新教学方法

传统的写作教学往往以教师讲授为主，学生被动接受，缺乏互动和实践的机会。这种教学模式难以调动学生的学习兴趣，也无法有效提升其写作能力。为了突破这一局限，教师应积极探索多元化的教学方法，将任务型教学、合作学习、探究式学习等先进理念引入写作课堂。例如，教师可以布置开放性的写作任务，要求学生运用所学知识撰写特定体裁的文章，并进行同伴互评；又如，教师可以组织专题讨论或辩论，引导学生就某一话题阐述自己的观点，提出有说服力的论证。这些教学方法不仅能够激发学生的参与热情，促进教学相长，更能锻炼其批判性思维和创新能力，使写作教学更具实效性。

（三）注重情感态度的培养

写作不仅是一种语言技能，更是情感、态度、价值观的载体。一篇优秀的外语作文，不仅要求语言准确、结构严谨，更应体现作者的人文情怀和跨文化意识。因此，教师在写作教学中，要高度重视学生情感态度的塑造。一方面，教师要通过赏析经典作品，引导学生感悟语言之美，体会异域文化的独特魅力；另一方面，教师要鼓励学生在写作中表达自己的情感，展现个性化的风格。在写作教学的过程中，教师还应该引导学生树立民族自信，培养其家国情怀，增强文化自觉。只有学生的情感态度、价值观念得到升华，写作才能真正成为其心灵成长、人格塑造的重要途径。

第二章　外语教学数字化转型的技术基础

第一节　云计算技术

一、云计算的服务模式

（一）IaaS

基础设施即服务（IaaS）是云计算服务模式中最基础的一层，它为用户提供了计算、存储、网络等基础 IT 资源的弹性使用能力。在外语教学的数字化转型进程中，IaaS 为教学资源的存储与管理、教学应用的部署与运行提供了灵活、高效的基础设施支撑。

1. IaaS 可以满足外语教学海量教学资源存储与管理的需求

随着多媒体技术的发展，外语教学资源日益丰富，涵盖了文本、图片、音频、视频等多种形式。传统的本地存储方式难以应对教学资源的快速增长，而 IaaS 提供的海量存储空间和按需扩展的能力，恰好解决了这一难题。教师可以将教学资源集中存储在云端，利用云存储的分布式特性实现数据的可靠存储和灵活访问，既节约了本地存储的成本，又方便了资源的集中管理与共享应用。

2. IaaS 为外语教学应用的部署与运行提供了便捷的计算环境

在数字化时代，外语教学不再局限于课堂，而是拓展到线上教学、移动学习、智能辅导等多元化场景。这些创新的教学应用对计算资源提出了更高的要求，传统的单机部署模式难以满足快速发展的需要。而 IaaS 提供的弹性计算资源，可以根据应用的实际需求动态调整 CPU、内存等参数，轻松应对业务高峰，提升教学应用的性能和稳定性。教师无须关注底层基础设施的运维管理，即可便捷地部署各类教学应用，聚焦于教学内容和方法的创新。

3. IaaS 为外语教学提供了灵活的网络支持

在数字化教学中，师生之间、学生之间需要频繁地交流与协作，优质的网络连接是开展在线教学活动的基础。IaaS 提供了 SDN 等先进的网络管理技术，可以实现网络资源的灵活配置与实时调度，保障教学应用的网络质量。教师可以根据教学需要，随时创建私有网络，实现教学环境的逻辑隔离，提高网络安全性。同时，IaaS 还支持 VPN 等安全访问机制，方便师生远程接入教学资源，开展移动端的学习活动。

（二）PaaS

平台即服务（PaaS）为用户提供了一个完整的应用开发、测试和部署环境，使开发者能够专注于应用程序的设计和实现，而无须关注底层基础设施的构建和维护。在外语教学的数字化转型进程中，PaaS 为教学应用的开发和推广提供了强有力的支撑。

PaaS 平台集成了丰富的开发工具和框架，大大简化了外语教学应用的开发流程。教师可以利用可视化的开发界面，通过拖曳、配置等简单操作快速构建出交互性强、功能丰富的教学应用，如在线词典、语法练习、口语对话训练等。这些工具降低了教师的技术门槛，使其能够将更多精力投入教学内容的设计和优化中。

PaaS 平台提供了灵活、可扩展的部署方案，有利于外语教学应用的快速推广和迭代更新。传统的应用部署往往需要购置服务器、配置环境等一系列烦琐的准备工作，而 PaaS 平台则将这些工作自动化，教师只需轻点鼠标便可将应用发布到云端，实现全球范围内的即时访问。同时，PaaS 平台还支持弹性伸缩，可根据实际用户数量动态调整资源配置，保证应用的高可用性和稳定性。

PaaS 平台集成了用户认证、数据存储、消息推送等通用服务，为外语教学应用的开发提供了坚实的基础设施。教师无须从零开始构建这些基础功能，只需调用相应的 API 接口便可快速实现用户注册登录、学习数据存储分析、学习提醒推送等功能，大大提高了开发效率。而 PaaS 平台成熟、可靠的服务能力，也为教学应用的数据安全和隐私保护提供了有力保障。

（三）SaaS

软件即服务（SaaS）作为云计算的重要服务模式之一，正在深刻影响着外语教学的数字化转型。与传统的软件部署模式不同，SaaS 通过互联网将应用软件作为服务提供给用户，用户无须购买、安装和维护，只需通过 Web 浏览器即可访问和使用，极大地降低了使用门槛和成本。在外语教学领域，SaaS 为教师和学生提供了丰富多样的在线学习资源和工具，极大地拓展了教学的时空边界。

借助 SaaS 平台，教师可以轻松创建和发布在线课程，制作多媒体教学资源，开展在线测试和作业批改等教学活动。优质的 SaaS 平台集成了先进的人工智能、大数据分析等技术，能够智能推荐个性化学习资源，准确诊断学生学习困难，提供针对性的学习建议和反馈。这种数据驱动的教学模式有助于提高教学的科学性和有效性，实现因材施教的目标。

对于学生而言，SaaS 为其提供了随时随地学习外语的机会。学生可以根据自己的学习进度和兴趣，灵活选择课程和资源，参与在线学习社区的互动交流。先进的语音识别、自然语言处理等技术让学生能够在线进行口语练习和写作训练，获得及时反馈和指导。沉浸式的多媒体学习环境，如虚拟现实、游戏化学习等，极大地提升了学习的趣味性和参与度。

二、云计算的部署模型

（一）公有云

公有云是由第三方服务提供商提供的公共可访问的云服务，具有资源共享、按需使用、弹性扩展等特点。相较于私有云和混合云，公有云在成本、灵活性和可扩展性方面具有明显优势。用户无须购买、部署和维护硬件设施，只需按照实际使用量付费，大大降低了 IT 投入成本。同时，公有云服务商利用其规模效应，能够提供丰富多样的服务，满足用户不同场景下的业务需求。

在外语教学领域，公有云为数字化转型提供了有力支撑。教师可以利用公有云平台存储和管理各类教学资源，如音视频、文本、图片等，实现资源的集中管理和按需调用。学生则可以通过网络随时随地访问这些资源，突破时空限制，实现自主学习。此外，公有云还能够支撑各类在线学习应用的部署和运行，如在线课程平台、协作学习工具、语言练习软件等，为教与学提供了丰富的手段和渠道。

以外语口语训练为例，教师可以利用公有云平台搭建口语练习系统。学生通过系统录制自己的口语音频，上传至云端进行评分和反馈。系统利用语音识别、自然语言处理等人工智能技术，对学生的发音、语调、流利程度等进行多维度评估，并提供针对性的改进建议。教师也可以通过系统查看每个学生的练习情况和进步数据，从而有针对性地调整教学策略。这种智能化、个性化的口语训练方式，大大提高了教学效率和学习效果。

公有云的另一大优势在于其强大的计算和存储能力，为大数据分析和挖掘提供了便利条件。外语教学过程中会产生海量的学习数据，包括学生的学习行为、学习效果等。通过对这些数据进行采集、存储和分析，可以洞察学生的学习特点和规律，优化教学决策。例如，通过分析学生在线学习平台的访问日志，可以了解其学习兴趣和习惯；通过对比不同教学方法下学生的测试成绩，可以评估教学效果；通过挖掘优秀学生的学习路径，可以为其他学生提供个性化的学习指导。这些都有助于构建更加精准、高效的外语教学模式。

（二）私有云

私有云为企业提供了专属的云计算环境，能够满足企业对于数据安全、资源控制、业务灵活性等方面的特定需求。与公有云相比，私有云具有更高的安全性和隐私保护能力。企业可以完全掌控数据的存储位置和访问权限，确保敏感信息不会泄露给第三方。同时，私有云还允许企业根据自身业务特点进行个性化配置，灵活调整计算、存储、网络等资源的分配，从而优化 IT 基础设施的使用效率。

与此同时，私有云的部署也为企业 IT 管理带来了新的挑战。与传统的本地数据中心相比，私有云需要更高的初始投入和专业技术人员的支持。企业需要购置服务器、存储设备、网络设备等硬件，并搭建虚拟化平台、资源管理系统、安全防护体系等软件环境。这对企业的资金实力和技术水平提出了较高要求。此外，私有云的运维也需要专门的 IT 团队进行管理和维护，以确保云平台的稳定运行和持续优化。

尽管如此，越来越多的企业开始青睐私有云的部署模式。一方面，私有云能够有效降低企业的 IT 运营成本。通过资源的集中管理和动态调度，私有云可以提高硬件设备的利用率，减少闲置浪费。同时，私有云还简化了企业的 IT 管理流程，使得应用的开发、测试、部署更加便捷高效。另一方面，私有云为企业数字化转型提供了坚实的技术基础。借助云计算的弹性扩展和快速交付能力，企业能够快速响应市场变化，开发创新的业务应用，从而增强其核心竞争力。

在教育领域，私有云的应用前景同样广阔。通过构建教育专属的云平台，学校可以集中管理教学资源，促进优质资源的共建共享。教师可以利用云平台开展在线教学、协作研究等活动，拓展教学边界。学生则能够随时随地访问学习资料，开展自主学习和探究式学习。同时，教育大数据的汇聚也为教学过程的优化提供了数据支撑，有助于实现因材施教和精准教学的目标。可以预见，私有云将成为学校数字化转型的关键抓手和助推器。

三、云计算技术在外语教学中的应用场景

（一）教学资源云端存储与共享

混合云是一种集成了公有云和私有云优势的部署模式，它能够满足企业对灵活性、可控性和安全性的综合需求。在外语教学数字化转型的进程中，混合云为教育机构提供了一条兼顾效率和安全的创新路径。

从资源配置的角度来看，混合云能够帮助外语教学机构实现计算、存储等IT资源的动态调度和弹性伸缩。教育机构可以将部分核心业务和敏感数据部署在私有云上，确保其安全性和可控性；同时，将一些非核心业务和海量教学资源部署在公有云上，利用其强大的计算能力和存储空间，实现资源的高效利用。这种灵活的资源配置模式，有助于外语教学机构在数字化转型过程中平衡效率与安全，实现可持续发展的目标。

从教学应用的角度来看，混合云为外语教学提供了丰富多样的应用场景。例如，教育机构可以在私有云上搭建校内的外语学习平台，为师生提供个性化的教学服务；同时，利用公有云上的人工智能、大数据等技术，开发智能化的外语学习工具，如智能翻译、口语测评等，为学生提供沉浸式的学习体验。再如，教育机构还可以基于混合云构建跨校的外语教学资源共享平台，实现优质教育资源的共建共享，促进教学质量的整体提升。这些创新应用不仅能够提高外语教学的针对性和实效性，更能激发学生的学习兴趣，培养其语言应用能力和跨文化交际能力。

从数据安全的角度来看，混合云为外语教学机构提供了全面的数据保护方案。教育机构可以根据数据的敏感程度，灵活选择将其存储在私有云还是公有云上。对于涉及学生隐私、教学质量等敏感信息，可以存储在私有云上，通过访问控制、数据加密等措施，确保其安全性；对于一些开放性的教学资源，如教学视频、音频等，则可以存储在公有云上，利用其海量存储空间和内容分发能力，实现资源的高效传播和共享。同时，混合云还能够提供灾备容灾等数据保护服务，最大限度地降低数据丢失的风险，为外语教学机构的数字化转型保驾护航。

（二）协作学习平台

云存储技术为外语教学资源的存储和共享提供了全新的解决方案。传统的教学资源通常以纸质教材、光盘等形式存在，不仅占用大量物理空间，而且难以实现及时更新和广泛共享。而云存储则突破了时空限制，使得教师和学生能够随时随地访问海量的教学资源。

教师可以将精心制作的教学课件、微课视频、习题集等上传至云端，形成结构化、系统化的资源库。学生则可以根据自己的学习需求，自主选择和下载相关资源，实现个性化学习。云存储还支持多人协同编辑，教师之间可以方便地共享优质资源，合作开发新的教学内容。这种教学资源的聚合与流动，极大地提升了外语教学的效率和质量。

云存储能有效保障教学资源的安全性和持久性。传统的存储介质容易损坏、丢失，一旦出现故障，其中的数据很可能无法恢复。而云存储采用多副本容错、自动备份等先进技术，即使某个存储节点发生故障，也不会影响数据的完整性和可用性。这为教学资源的长期保存和使用提供了可靠保障。

在教学实践中，外语教师可以充分利用云存储的优势，构建丰富多元的教学资源体系。例如，教师可以在云端建立听力材料库，囊括不同题材、不同难度的音频和视频，方便学生在课后进行训练；也可以建立语法知识库，系统梳理重点语法项目，配以生动形象的解释和例句，帮助学生巩固语法知识；还可以建立写作素材库，提供优秀范文、写作模板等，指导学生提升写作水平。学生则可以根据教师的引导，积极开展自主学习，并通过云平台与教师、同学分享学习心得，展示学习成果。

（三）口语练习与测评系统

基于云计算的外语协作学习平台能够突破时空限制，为师生提供一个灵活、高效、互动的学习环境。在这个虚拟的学习空间中，教师可以随时发布教学资源、布置学习任务、组织在线讨论，而学生则可以自主安排学习进度，与他人协作完成项目，参与各种学习活动。云平台强大的计算和存储能力，使得海量的多媒体学习资源能够被随时调用，满足学生个性化的学习需求。

外语协作学习平台的一大亮点在于其支持师生之间、学生之间的实时互动交流。借助云视频会议、在线白板等工具，教师可以开展在线教学，与学生面对面交流，及时解答疑问、引导讨论，克服了传统网络教学的单向性弊端。学生也可以组成学习小组，开展头脑风暴，分享学习心得，共同完成项目任务。这种多向交互的学习方式，不仅能激发学生的学习兴趣，增强其参与感和获得感，更有助于培养其团队协作、沟通表达、批判性思维等关键能力。

与传统的外语教学平台相比，基于云计算的协作学习平台还具有更强的扩展性和灵活性。教师可以根据教学需要，灵活调整平台的功能和资源配置，设计个性化的教学方案。平台还可以与其他教学系统无缝对接，实现数据共享和业务协同。这不仅提高了教学管理的效率，也为教学模式创新提供了广阔空间。例如，教师可以利用平台开展跨校、跨国的协作教学，让学生与不同文化背景的伙伴交流切磋，提升其跨文化交际能力和全球视野。

未来，随着人工智能、大数据等新技术的进一步发展，外语协作学习平台必将呈现出更加智能化、个性化、社交化的发展趋势。智能技术的应用将使平台具备更强的自适应能力，能够精准推送学习资源，动态优化学习路径，为每个学生提供专属的智能导学服务。学习数据的积累和分析，则可以帮助教师洞察学情，优化教学决策，因材施教。而社交网络的融入，将进一步促进师生、学生之间的交流互动，营造良好的协作学习氛围。可以预见，未来的外语协作学习平台将成为一个集智能教学、精准评估、社会协作于一体的综合性学习生态系统，全面赋能外语教学变革。

四、云计算技术在外语教学中的应用价值

（一）优化资源配置

云计算技术的迅猛发展为外语教学资源的优化配置提供了前所未有的机遇。传统的外语教学资源分散于各个教学单位，难以实现共建共享，造成了资源的重复建设和利用效率低下等问题。而云计算技术则能够打破时空限制，实现教学资源的集中管理和灵活调用，有效破解资源配置不均衡的难题。

在云端集中管理下，外语教学资源可以实现规模化存储、智能化管理和定制化服务。一方面，云平台能够承载海量教学资源，包括教学课件、音视频素材、在线课程等，形成资源库，为教师备课和学生自主学习提供丰富的素材。

另一方面，云平台基于大数据分析，能够智能推荐个性化的教学资源，满足不同教学主体的差异化需求。教师可以根据教学需要，随时调用云端优质资源，不断更新教学内容；学生也能够根据自身特点，获取个性化的学习资源。

值得一提的是，云计算技术为教学资源的共建共享提供了有力支撑。基于云平台，不同院校、不同地区的外语教师可以充分交流，实现优质资源的汇聚与流通。教师可以将自己的教学设计、课件等资源上传至云端与他人分享，也可以评价、借鉴其他教师的教学资源，优化自己的教学方案。这种跨区域、跨院校的教学资源共享，打破了资源壁垒，提升了整体的教学水平。同时，云平台还可以对教学资源进行有效管理，建立资源审核、更新机制，保障资源质量，促进资源的持续优化。

对于外语教学而言，教学资源不仅要丰富，更要贴近时代、贴近学生。云计算技术在优化资源配置的同时，也为教学资源的动态更新提供了契机。海量的外语学习网站、应用程序可以与云平台实现数据对接，及时将最新的学习素材、热点话题、实战案例引入课堂。教师也可以利用云平台开展在线协作，与业界专家、外语使用者共同开发教学资源，增强教学内容的实效性与时代感。此外，云平台还能够收集学生的学习数据，分析其学习需求和认知特点，为教师提供数据支持，推动教学资源的精准供给和动态优化。

（二）创新教学模式

云计算技术以其强大的计算能力、海量的存储空间和灵活的服务模式，为外语教学创新教学模式、支持个性化学习、实施翻转课堂等新型教学方式提供了有力支撑。在云计算环境下，教师可以充分利用云平台提供的丰富教学资源和智能化工具，精心设计教学活动，为学生营造身临其境的语言学习情境，激发其主动探究和实践运用外语的热情。同时，云平台还能够智能分析每个学生的学习特点和进展，为其提供个性化的学习路径和内容推送，做到因材施教、精准教学。学生也能够利用云端学习系统，根据自身节奏安排学习进度，通过与智能助手的实时互动获得及时反馈和指导，真正成为学习的主人。

云计算技术为实施翻转课堂教学模式提供了便利条件，教师可以提前将教学微视频、学习资料等上传至云平台，学生通过登录云课堂完成课前自主学习，在课堂上则聚焦知识内化和问题讨论。这种“先学后教”的翻转模式，可以最大限度地利用课堂时间，让学生在教师引导下通过小组合作、情境模拟等参与式活动来构建知识、发展技能，让学生真正成为学习的主体。云平台还能记录学生课前课后的学习行为和互动表现，帮助教师开展学情分析、优化教学设计，不断提升教学针对性和有效性。

实现云计算技术在外语教学中的深度应用与创新，需要教师转变教育理念，提升信息技术素养。教师要主动适应“教师主导、学生主体”的新型师生关系，学会利用云计算工具优化教学设计、组织管理在线学习、开展网络协作和过程性评价。这就要求教师加强学习，掌握先进的教学理念和信息化教学方法，提高技术运用能力和信息化教学设计水平。只有教师树立了与时俱进的教育观念，具备了现代化的教学能力，才能真正将云计算技术的优势转化为教学创新的动力，不断推动外语教学模式变革。

（三）提高管理效率

云平台以其强大的计算能力和海量的存储空间，为教学管理提供了新的技术支撑。传统的教学管理工作往往需要耗费大量的人力物力，效率低下，难以满足现代教育的需求。而云平台则能够集中管理各类教学数据，实现资源共享和实时更新，极大地提高了教学管理的效率和精准度。

通过云平台，教师可以随时随地访问教学资源库，获取最新的教学材料和参考资料。这不仅拓宽了教师的知识视野，更有助于教师及时了解学科前沿动态，优化教学内容设计。同时，云平台还能够智能化地分析学生的学习数据，为教师提供个性化的教学决策支持。教师可以根据学生的学习特点和进度，灵活调整教学策略和方法，实现因材施教的目标。

对于教学管理者而言，云平台提供了全方位的数据支撑和决策依据。通过对教学数据的挖掘和分析，管理者能够及时发现教学中存在的问题，优化资源配置，改进管理流程。例如，通过分析学生的考勤数据，管理者可以掌握学生的学习状态和课堂参与度，进而采取针对性措施，提高教学质量。又如，通过对比不同班级、不同学科的教学数据，管理者能够发现教学的薄弱环节，有的放矢地开展教学督导和教师培训工作。

此外，云平台还为教学质量评估提供了可靠的数据基础。传统的教学评估往往依赖于主观评价和经验判断，缺乏客观性和科学性。而基于云平台的教学评估则可以综合考虑各种量化指标，如学生的学习成绩、教师的教学效果、课程的满意度等，形成更加全面、客观的评估结果。这不仅有助于鉴定教学工作的成效，更能为教学改革和创新提供导向。

第二节 大数据技术

一、大数据技术的特点

（一）数据类型多样

在大数据时代，数据来源的多样化已成为常态。海量的数据不再局限于结构化的数据库，还包括各种半结构化和非结构化的数据形式，如文本、图像、音频、视频等。这种数据类型的多样性对外语教学数字化转型提出了新的挑战和要求。

1．结构化数据

结构化数据是指具有固定格式和明确结构的数据，通常以二维表的形式存储在关系型数据库中。在外语教学领域，结构化数据主要包括学生的基本信息、成绩记录、教学资源元数据等。这些数据具有规范的字段和数据类型，便于存储、检索和分析。通过对结构化数据的挖掘和利用，教师可以掌握学生的学习情况，优化教学策略。

2．半结构化数据

半结构化数据虽然也有一定的组织结构，但其格式相对松散，可以包含多种数据类型。在外语教学中，常见的半结构化数据有 XML、JSON 等标记语言格式的数据。这些数据广泛应用于在线学习平台、移动应用程序等，用于描述课程信息、学习资源、互动记录等。利用半结构化数据，可以为学生提供个性化的学习体验，实现智能化的教学服务。

3．非结构化数据

非结构化数据是指不具有预定义数据模型或组织方式的数据，包括文本、图像、音频、视频等多媒体数据。在外语教学中，非结构化数据蕴含着丰富的语言、文化和语境信息。比如，通过对外语文本的自然语言处理，可以进行词汇难度分析、语法结构挖掘等，为教材编写和教学设计提供数据支撑。再如，利用语音识别技术处理外语口语音频，可以实现发音评估和纠错反馈，提高学生的口语表达能力。

（二）处理速度快

大数据技术的一个显著特点就是能够实现高速处理和实时分析海量数据。在当前数据爆炸式增长的时代，传统的数据处理方法已难以满足实时性要求。因此，如何利用大数据技术实现数据的快速处理和分析，成为众多领域亟须解决的关键问题。

1. 优化教学效果、提升学习体验

在外语教学领域，实时处理学生学习过程中产生的各类数据对于优化教学效果、提升学习体验至关重要。在传统的教学模式下，教师很难及时获取和分析学生的学习数据，更难以根据分析结果动态调整教学策略。而大数据技术的应用，能够帮助教师实时监测学生的学习进程，捕捉学习过程中的问题和困难，并及时给出针对性的指导和反馈。通过实时分析学生的学习行为数据，如学习时长、学习频率、课程完成度等，教师可以全面了解学生的学习状态和学习效果，从而制订更加个性化、更具针对性的教学方案。

2. 实现对学生学习过程中产生的非结构化数据的实时处理和分析

在外语学习中，学生会产生大量的语音、文本、图像等非结构化数据。传统的数据处理方法难以对这些数据进行有效分析和利用。而大数据技术可以通过自然语言处理、语音识别、图像识别等技术，快速提取这些非结构化数据中蕴含的有价值信息，为教师提供更全面、更客观的学生学习画像。基于这些数据的实时分析，教师能够及时发现学生在语音、语法、词汇等方面存在的问题，并给出有针对性的指导和练习，大大提高了教学的精准度和有效性。

3. 实现外语教学的自适应学习

通过实时分析学生的学习数据，智能化学习系统可以动态调整学习内容、学习节奏、难度梯度等，为每个学生提供最优化、最具个性化的学习路径。学生可以根据自己的学习特点和进度，自主选择学习内容和学习方式，真正实现因材施教、因人而异的个性化学习。在这个过程中，大数据技术起到了关键的支撑作用，它能够实时处理海量的学习数据，并根据数据分析结果驱动智能化学习系统的自适应调整，不断优化学生的学习体验和学习效果。

4. 为教学质量的监测和评估提供了有力工具

通过实时采集和分析教学过程中的数据，如教师的教学行为、学生的课堂表现、教学资源的使用情况等，管理者可以动态监测教学质量，及时发现和解决教学中存在的问题。同时，基于大数据的实时分析，还可以为教学决策提供数据支持，如优化课程设置、改进教学方法、调整教学资源配置等，从而不断提升外语教学的整体质量和效果。

二、大数据的关键技术

（一）分布式存储技术

分布式存储技术的出现，为海量数据存储带来了全新的解决方案。在大数据时代，数据的体量呈爆炸式增长，传统的集中式存储模式已无法满足高速增长的存储需求。面对这一挑战，分布式存储技术应运而生。通过将数据分散存储在多个节点上，分布式存储系统能够有效应对数据量激增带来的压力，提供高可用、高性能、易扩展的存储服务。

分布式存储的核心理念在于将数据分片，并将这些分片分布在不同的存储节点上。每个节点只存储数据的一部分，但可以并行处理数据请求，从而大大提高了数据存取的效率。同时，分布式存储系统引入了数据冗余机制，通过复制多个数据副本，确保了数据的可靠性和可用性。即使部分节点发生故障，系统仍能继续提供服务，避免了单点故障引发的数据丢失风险。

在分布式存储技术的发展历程中，Hadoop 分布式文件系统（HDFS）可谓是里程碑式的存在。HDFS 是一种高度容错的分布式文件系统，专为大规模数据集而设计。它采用主从架构，由一个 NameNode 和多个 DataNode 组成。NameNode 负责管理文件系统的命名空间和元数据，而 DataNode 则负责存储实际的数据块。HDFS 将文件切分成多个数据块，并将每个数据块复制到多个 DataNode 上，以实现数据的冗余存储和负载均衡的目标。这种设计使得 HDFS 能够支持高吞吐量的数据访问，并能容忍节点故障，成为大数据存储的理想选择。

除了 HDFS，还有许多其他优秀的分布式存储系统，如 Ceph、GlusterFS、MooseFS 等。这些系统在架构设计、数据分布策略、一致性模型等方面各有特色，但都致力于解决海量数据存储的难题。Ceph 是一个统一的分布式存储系统，提供了对象、块和文件级别的存储服务。它采用 CRUSH 算法实现数据的动态分布，具有高性能、高可靠、高扩展的特点。GlusterFS 则是一个可扩展的网络文件系统，通过将多个存储节点组成一个并行文件系统，为用户提供统一的存储空间视图。MooseFS 是一个容错的分布式文件系统，支持在线扩容和数据重平衡，适用于存储大型文件和流媒体数据。

分布式存储技术的应用领域非常广泛，从互联网巨头的数据中心，到企业级的存储系统，再到个人的云存储服务，无不依赖于分布式存储的支撑。在互联网领域，分布式存储为海量用户数据的存储提供了坚实的基础设施，支撑了如在线商城、社交网络、视频网站等众多应用的运转。在企业级市场，分布式存储帮助企业构建灵活、可靠、高效的存储平台，满足了企业级应用对数据存储的苛刻要求。对于个人用户而言，云存储服务利用分布式存储技术实现了数据的跨地域、跨设备访问，大大方便了用户的数据存储和共享需求。

分布式存储技术的发展也面临着诸多挑战。首先，数据一致性问题。在分布式环境下，如何确保多个副本之间的数据一致性，是一个亟待解决的难题。常见的解决方案包括强一致性模型和最终一致性模型，但如何在一致性和性能之间取得平衡，仍是一个值得深入探讨的话题。其次，分布式存储系统的运维管理也面临着挑战。如何实现系统的自动化运维，如何监控系统的运行状态，如何快速定位和解决故障，都考验着运维团队的能力。最后，分布式存储技术的安全性问题也不容忽视。如何保护数据的机密性、完整性和可用性，如何防范恶意攻击和非法访问，都是亟待解决的安全难题。

（二）分布式计算技术

分布式计算技术为海量数据处理提供了有力支撑。随着大数据时代的到来，传统的集中式计算模式已无法满足日益增长的数据处理需求。面对数据量激增、种类繁多、处理复杂等挑战，分布式计算技术应运而生。它通过将大规模计算任务分解为多个子任务，并行处理，再将结果汇总，从而实现高效、可靠的海量数据处理。

MapReduce 作为分布式计算的代表性框架，为大数据处理提供了一种简单而强大的编程模型。它将计算过程抽象为“Map”和“Reduce”两个基本操作。Map 阶段对输入数据进行切分、映射，生成中间键值对；Reduce 阶段对中间结果按照键进行归并、聚合，输出最终结果。这种“分而治之”的思想使得复杂的数据处理任务能够高度并行化，在成百上千台服务器上同时进行，极大地提升了计算效率。同时，MapReduce 屏蔽了底层细节，开发者无须关注任务调度、容错等问题，只需专注于业务逻辑的实现，极大地降低了分布式编程的门槛。

Spark 是一个基于内存计算的分布式计算框架，在迭代计算、交互式查询等场景下表现出色。与 MapReduce 相比，Spark 采用了 RDD（弹性分布式数据集）作为数据抽象，支持基于内存的数据共享和重用，避免了不必要的磁盘IO，计算速度可达 MapReduce 的 100 倍。同时，Spark 提供了丰富的 API，涵盖 Scala、Java、Python 等主流语言，并集成了 SQL、机器学习、图计算等常用库，使得用户能够方便地构建端到端的数据处理流水线。Spark 凭借其出色的性能和易用性，已成为大数据处理领域的新宠，被广泛应用于互联网、金融、制造等行业。

分布式计算技术还包括流处理、图计算等其他模式。流处理以连续的数据流为处理对象，实时分析、处理和响应，在金融风控、舆情监测等领域大放异彩。图计算面向复杂网络结构数据，揭示其内在联系和演化规律，在社交网络、推荐系统等方面应用广泛。此外，分布式机器学习、深度学习等前沿技术的兴起，为大数据处理注入了新的活力，推动了人工智能的快速发展。

（三）数据挖掘技术

数据挖掘技术作为从海量数据中发掘有价值信息的重要手段，在外语教学数字化转型过程中发挥着关键作用。它借助先进的计算机技术和数学模型，对教学过程中产生的各类数据进行深入分析和智能化处理，从而揭示隐藏在数据背后的规律和知识，为教学决策提供科学依据。

数据挖掘技术的核心是机器学习算法。机器学习是人工智能的一个重要分支，它致力于研究如何让计算机从数据中自主学习，获得新的知识和能力。在外语教学领域，机器学习算法可以应用于学情分析、教学诊断、学习预测等多个方面。例如，通过对学生的学习行为数据进行聚类分析，可以发现学生群体内部的差异性特征，为因材施教提供参考。又如，利用决策树、支持向量机等分类算法，可以基于学生的历史表现预测其未来的学习成绩，及早发现学困生并为其提供针对性帮助。

除了机器学习，数据挖掘还涉及众多其他技术，如关联规则挖掘、序列模式挖掘、异常检测等。这些技术各有所长，可以从不同角度揭示数据中蕴含的知识。以关联规则挖掘为例，它擅长发现数据项之间的内在联系。将其应用于外语教学，可以探究教学因素与学习效果之间的关联性，找出影响教学质量的关键环节。再如异常检测技术，它专注于识别数据中偏离常态的个体。运用该技术分析学生的学习轨迹，可以及时发现学习过程中出现的异常情况，为精准教学干预提供依据。

数据挖掘技术要发挥作用，离不开教学大数据的支撑。随着信息技术在教育领域的广泛应用，外语教学过程中产生了海量的多源异构数据，包括师生互动记录、学习行为日志、作业考试成绩等。这些数据蕴藏着丰富的教学信息和知识，是数据挖掘的重要对象。为了充分利用这些宝贵的数据资源，外语教师需要树立大数据思维，重视数据的采集、整理和分析，将数据挖掘技术与教学实践深度融合。只有建立起完善的教学大数据体系，数据挖掘技术才能真正发挥出效力。

事实上，运用数据挖掘技术优化外语教学已经成为一种趋势。在个性化学习方面，通过挖掘学生的学情数据，可以精准刻画每个学生的知识结构和能力水平，据此推荐个性化的学习资源和路径。在教学质量评估方面，利用数据挖掘技术多维度分析教学过程数据，能够全面诊断教学中存在的问题，为改进教学提供精准依据。在教学模式创新方面，数据挖掘可以揭示不同教学策略的效果差异，为探索更加高效的教学模式提供参考。可以预见，随着数据挖掘技术的不断发展和教育数据的日益丰富，其在外语教学中的应用空间将愈加广阔。

三、大数据技术在外语教学中的应用

（一）个性化学习

在大数据时代，个性化学习已经成为外语教学数字化转型的重要方向之一。通过分析学生的学习行为数据，教师可以更加精准地把握每个学生的学习特点、学习需求和学习困难，从而为其提供个性化的学习内容和学习路径，实现因材施教、精准教学的目标。

个性化学习的实现离不开大数据技术的支持。通过收集学生在在线学习平台上的各种学习行为数据，如学习时长、学习进度、练习得分、错题分布等，运用数据挖掘、机器学习等技术进行深入分析，教师可以全面了解每个学生的学习状况。基于这些数据的分析结果，教师可以为不同学生推送不同的学习资源，如针对性的微课视频、阅读材料、练习题等，满足学生的个性化学习需求。

个性化学习的意义能够最大限度地挖掘每个学生的学习潜力。在传统的外语教学模式下，教师往往采用“一刀切”的教学方式，忽视了学生个体之间的差异。而个性化学习则能够充分尊重学生的个体特点，根据其学习能力、学习风格、知识基础等因素，为其量身定制学习方案。这不仅有利于优等生突破自我、达到更高水平，也能够帮助学困生克服障碍、跟上学习进度。可以说，个性化学习是实现因材施教、促进每一个学生全面发展的有效途径。

（二）教学质量评估

教学质量评估是现代教育管理的重要内容，也是推动教学改革、提高教学水平的有效途径。在外语教学领域，随着信息技术的快速发展和大数据时代的到来，传统的教学质量评估方式已经难以适应新的要求。因此，如何创新评估理念，拓展评估维度，利用大数据技术优化评估过程，提升评估的科学性和有效性，已经成为外语教学改革的重要议题。

大数据技术为外语教学质量评估带来了新的可能。通过采集和分析教学过程中产生的海量数据，我们能够更加全面、客观地了解教学的实际情况，精准诊断教学中存在的问题，从而为优化教学方案、改进教学策略提供数据支撑。具体而言，大数据技术在外语教学质量评估中的应用主要体现在以下四个方面。

1. 大数据技术拓宽了教学质量评估的维度

传统的教学质量评估往往局限于对教师教学行为和学生学习成果的考察，忽视了教学过程中的许多重要因素，如教学资源的利用情况、学生的学习行为和心理状态等。而大数据技术则能够实现对教学全过程的多维度数据采集，涵盖教学、学习、管理、服务等各个环节。通过综合分析这些数据，我们能够更加立体、动态地反映教学质量的全貌，为教学诊断和改进提供更加丰富、可靠的依据。

2. 大数据技术提高了教学质量评估的时效性

传统的教学质量评估大多采用事后评估的方式，存在延迟性。而大数据技术则能够实现教学过程的实时监测和动态评估。通过跟踪分析师生在教学平台上的行为数据，我们能够及时发现教学中出现的问题，快速响应并调整教学策略，从而大大提高了教学质量评估和改进的针对性与时效性。

3. 大数据技术增强了教学质量评估的科学性

在大数据技术支持下，教学质量评估能够突破主观臆断和经验判断的局限，建立起更加严谨、规范的评估指标体系。通过对教学大数据进行深度挖掘和智能分析，我们能够发现教与学的内在规律，探寻影响教学质量的关键因素，进而优化评估模型，提高评估结果的可靠性和预测性。

4. 大数据技术促进了教学质量评估的个性化

在外语教学中，学生的个体差异较大，传统的"一刀切"式评估往往难以兼顾不同学生的实际需求。而大数据技术则为实现个性化评估提供了可能。通过收集和分析每个学生的学习行为数据，我们能够精准刻画其知识掌握情况、能力发展水平和学习特点，有针对性地提供个性化的学习反馈和指导，从而最大限度地发挥每个学生的学习潜力。

（三）优化教学决策

大数据技术在优化教学决策、提高决策科学性方面发挥着关键作用。传统的教学决策往往依赖于经验和直觉，缺乏客观、精准的数据支撑。而大数据技术则为教学决策提供了海量、多维度的数据基础，使得决策过程更加科学、严谨。

通过收集和分析学生的学习行为数据、学习效果数据、个人特征数据等，教师能够全面了解学生的学习状况和个性化需求。这些数据涵盖了学生的学习兴趣、知识掌握程度、学习风格、认知特点等多个维度，为教师提供了丰富、立体的学情信息。基于这些信息，教师可以有针对性地调整教学策略、优化教学设计、改进教学方法，真正实现因材施教、个性化教学的目标。

大数据技术能够帮助教师及时诊断学生的学习问题，精准把握教学薄弱环节。通过对学生作业、测试、互动等数据的智能分析，系统可以自动识别学生在知识点掌握、能力培养等方面存在的共性问题和个性化困难。这为教师有针对性地开展教学评估、学业辅导提供了重要依据。借助大数据技术，教师能够及时发现问题，深入分析原因，从而调整教学计划，补齐学生的知识盲区和能力短板。

大数据技术在宏观教学决策中也发挥着重要作用。通过分析海量的教学数据，学校可以准确把握学科发展动向、人才培养趋势，优化专业设置和课程体系。教育主管部门也可以依托大数据，科学评估区域教育质量，合理配置教育资源，促进教育均衡发展。在大数据的支持下，学校管理者和教育决策者能够站在更高的角度，洞察教育发展的规律和方向，推动教育事业的科学决策和创新发展。

第三节　人工智能技术

一、人工智能技术的特点

（一）自主学习能力

人工智能系统具有强大的自主学习能力，能够通过海量数据的训练不断优化和进化。这一特性为其在外语教学领域的应用提供了无限可能。

得益于机器学习、深度学习等先进算法，人工智能系统能够从海量的语料库中自主学习和提取语言知识。通过对大规模语言数据的分析和挖掘，系统能够掌握词汇、语法、语义、语用等多个层面的语言规律，构建起完整的语言知识体系。在此基础上，系统还能够通过不断地迭代训练，根据反馈数据动态调整内部参数，从而持续提升语言理解和生成的精准度。这种自主学习能力使得人工智能系统能够跟上语言的发展变化，及时吸收和内化新出现的语言现象，使其知识储备始终处于与时俱进的状态。

自主学习能力赋予了人工智能系统快速适应不同语言和场景的能力。通过学习不同语种的语料数据，系统能够掌握多种语言的基本规则和特点，实现多种语言理解和生成。同时，针对不同的应用场景，如日常对话、学术写作、商务沟通等，系统也能够通过有针对性的训练，快速适应并生成符合特定语境特点的语言内容。这种跨语言、跨场景的自适应能力，使人工智能系统能够灵活应对外语教学中的多样化需求。

在外语教学实践中，人工智能系统的自主学习能力可以得到充分发挥。教师可以针对教学内容和学生特点，定制个性化的语料库和训练任务，引导系统学习和优化。例如，在英语写作教学中，教师可以选取优秀的范文、学生的历史作文等构建训练集，让系统学习词汇搭配、句型结构、语篇组织等写作技巧。在此过程中，系统会自主分析范文特点，总结写作规律，并运用到对学生作文的智能批改和写作指导中。又如，在口语教学中，教师可以通过人机对话的方式，为系统提供海量的口语交互数据，让其学习地道的表达方式、常用语块，并能够进行智能化的语音识别和语音合成。学生则可以借助这一智能助手，在仿真的对话情境中反复练习，获得及时的反馈和指导，从而提升口语表达能力。

（二）自然交互能力

人工智能技术的迅猛发展正深刻影响着外语教学的方方面面，其中自然语言交互能力的突破为提升人机交互体验提供了广阔前景。通过自然语言理解和生成技术，智能系统能够实现与人类之间流畅、自然、富有情境的对话交流。这种人性化的交互方式正在重塑传统的人机关系，为外语教学注入新的活力。

在外语教学场景中，自然语言交互技术的应用价值尤为凸显。学习者可以与智能助手进行口语对话练习，在仿真的语境中提升听说能力。智能系统能够理解学习者的语音输入，并给出恰当的语言反馈，营造身临其境的交互氛围。与传统的人工答疑不同，智能助手能够不知疲倦地陪伴学习者进行语言训练，极大地提高了学习的便捷性和灵活性。这种沉浸式的人机对话不仅能激发学习兴趣，更能帮助学习者克服语言焦虑，建立自信。

自然语言交互技术能够实现个性化、精准化的外语学习引导。智能系统可以通过分析学习者的语言能力、学习偏好等数据，自动生成适合其水平的学习内容和训练任务。例如，针对语法薄弱的学习者，系统可提供有针对性的语法讲解和练习；对于口语表达欠佳者，系统则可设计情境对话、角色扮演等口语任务。如此，才能真正做到“教学相长”。此外，智能系统还能及时捕捉学习者的情绪状态，在学习过程中给予其积极的情感反馈，营造轻松愉悦的学习氛围。

（三）智能决策能力

智能决策能力是人工智能技术的重要特征之一，它使人工智能系统能够在海量、复杂、动态的数据环境中快速做出最优决策。这一能力的实现离不开机器学习、深度学习等核心算法的支撑，以及知识表示、推理规划等关键技术的应用。

在外语教学领域，人工智能的智能决策能力正在带来深刻的变革。传统的外语教学往往依赖教师的经验和直觉，难以充分考虑每个学生的个体差异和实时学习状态。而借助人工智能技术，教学系统可以通过对海量教学数据的挖掘分析，精准把握学生的知识结构、能力水平、学习风格等特征，并据此制定个性化的教学策略。例如，智能教学系统可以根据学生的答题情况，实时调整题目难度和知识点分布，既能避免学生因题目过难而产生挫败感，也能防止其因题目过于简单而失去兴趣。又如，智能写作评改系统可以全面分析学生的写作内容、语法结构、词汇运用等方面的特点，找出其优势和不足，并提供针对性的修改建议，大大提高了写作教学的效率和质量。

人工智能的智能决策能力不仅体现在对学生的个性化分析和精准施教上，更体现在对教学过程的整体优化上。在传统教学模式下，教学活动的设计和实施主要依赖教师的经验，难免存在盲目性和主观性。而人工智能系统则可以通过对历史教学数据的深度挖掘，发现隐藏在数据背后的教学规律和最优实践，为教学决策提供科学依据。例如，通过对大量学生的学习行为数据进行聚类分析，智能系统可以发现不同学习风格的学生在学习过程中的共性特征，进而为教师提供因材施教的建议。又如，通过对优秀教学案例的特征提取和模式识别，智能系统可以总结出行之有效的教学策略和方法，为教师的教学设计提供参考。

二、人工智能技术的核心算法

（一）机器学习算法

机器学习是人工智能领域的一个重要分支，它通过对海量数据的训练和学习，使计算机系统具备自主学习、优化和预测的能力。机器学习算法利用数学模型和统计方法，从历史数据中提取有价值的模式和规律，进而对未知数据作出合理预测。这一过程无须人工显式编程，而是通过机器自主学习实现的。

1. 机器学习算法的核心

机器学习算法的核心在于模式识别和预测分析，模式识别是指从复杂的数据中发现隐藏的规律和特征，如图像识别中提取图像的边缘、纹理等特征。预测分析则是利用已知数据构建数学模型，对未来情况进行推断和预测，如根据历史销售数据预测未来销量走势。机器学习算法通过不断迭代优化模型参数，使其在训练数据上的拟合效果不断提升，从而获得更强的泛化能力，以应对真实世界中的各种复杂问题。

2. 机器学习算法的分类

常见的机器学习算法可分为监督学习、无监督学习和强化学习三大类。监督学习是指利用带标签的训练数据训练模型，使其能够对新的输入作出正确的分类或预测，如垃圾邮件识别、信用评分等。无监督学习则是从无标签数据中发现数据内在的结构和关系，如客户分群、异常检测等。强化学习是让智能体在与环境的交互中学习最优策略，以获得最大化的累积奖励，其在智能控制、博弈论等领域均有广泛应用。

3. 机器学习算法的发展

机器学习算法的发展日新月异，不断涌现出新的模型和方法。决策树、支持向量机、贝叶斯分类器等传统算法已在诸多领域取得了巨大成功。近年来，随着深度学习的兴起，卷积神经网络、循环神经网络等算法在计算机视觉、自然语言处理等方向取得了突破性进展。迁移学习、元学习、联邦学习等新兴方法也正在拓展机器学习的应用边界。

4. 机器学习算法的应用

机器学习在现实世界中有着广泛的应用前景。在金融领域，机器学习可用于风险评估、反欺诈、量化交易等；在医疗领域，机器学习助力医学影像分析、药物研发、智能诊断等；在工业领域，机器学习在故障诊断、质量检测、生产调度等方面大显身手。此外，机器学习还广泛应用于推荐系统、智能客服、自动驾驶等诸多场景，极大地提升了生产力和生活品质。

（二）深度学习算法

深度学习算法通过模拟人脑神经网络的结构和功能，实现了复杂模式识别和决策优化。它突破了传统机器学习算法的局限，展现出强大的学习和推理能力。深度学习的核心是构建多层次的神经网络模型，通过层层抽象和特征提取，自动学习数据中蕴含的高层语义信息。

卷积神经网络（CNN）是深度学习中最具代表性的模型之一。它借鉴了生物视觉系统的层次化处理机制，通过卷积、池化等操作，逐步提取图像的局部特征，并组合成更高层次的抽象表示。CNN 在图像分类、目标检测、语义分割等任务上取得了瞩目成就，彻底改变了计算机视觉领域的格局。

循环神经网络（RNN）则擅长处理序列数据，如自然语言、时间序列等。它引入了隐藏状态和循环连接，使网络能够记忆之前的信息，捕捉数据中的时序依赖关系。长短期记忆网络（LSTM）和门控循环单元（GRU）等改进型RNN更好地解决了梯度消失和梯度爆炸问题，在机器翻译、语音识别、情感分析等任务中大放异彩。

生成对抗网络（GAN）是近年来深度学习领域的一大热点。它由生成器和判别器两个神经网络组成，通过二者的博弈学习，生成器可以生成逼真的图像、音频、视频等数据，判别器则不断提升鉴别真伪的能力。GAN在图像生成、风格迁移、数据增强等方面展现出巨大潜力，开辟了人工智能的新天地。

深度强化学习将深度学习与强化学习相结合，使智能体能够在复杂环境中学习最优策略。通过深度神经网络逼近值函数或策略函数，智能体可以直接从高维观测数据中提取特征数据，并作出最优决策。深度Q网络（DQN）、深度确定性策略梯度（DDPG）等算法在游戏、机器人控制、自动驾驶等领域取得了突破性进展。

（三）自然语言处理算法

自然语言处理算法是人工智能技术的重要分支，其旨在实现人机之间自然、流畅、高效地交互。通过对人类语言的深入理解和分析，自然语言处理算法能够使计算机准确地理解人类的语言指令，并给出恰当的反馈和回应。这一过程涉及语音识别、语义分析、信息提取、机器翻译等多个环节，需要综合运用语言学、计算机科学、统计学等多学科知识。

在外语教学领域，自然语言处理算法的应用前景广阔。它能够为学生提供智能化、个性化的语言学习助手，大大提高学习效率和质量。例如，基于语音识别技术，学生的口语发音可以得到实时评估和纠正；借助语义分析算法，学生的词汇量和语法掌握情况能够被准确评估，并据此推送针对性的学习内容；利用机器翻译技术，学生能够快速获取外语文本的母语译文，加深对原文的理解。

自然语言处理算法的核心是对语言知识的建模和表征，通过构建语言知识库，如词典、语法规则库等，计算机能够对人类语言的词汇、语法、语义等进行形式化描述和处理。在此基础上，研究者们开发出一系列高效的算法，如基于规则的方法、统计机器学习方法、深度学习方法等，用以实现对语言的识别、理解、生成等任务。这些算法在不断优化和改进的同时，也推动了自然语言处理技术的快速发展。

三、人工智能技术在外语教学中的应用场景

（一）智能外语学习助手

智能外语学习助手的出现，为个性化、自适应的语言学习开辟了全新的路径。这种创新型的学习工具利用人工智能技术，为每个学习者量身定制专属的学习方案，实现了真正意义上的“因材施教”。

智能助手首先会对学习者的语言水平、学习风格、兴趣爱好等进行全面评估，形成独特的学习者画像。在此基础上，系统会自动生成个性化的学习路径图，明确学习目标、学习内容和学习节奏。例如，对于基础薄弱的学习者，系统会重点加强语法、词汇等基础知识的学习；而对于水平较高的学习者，系统则会提供复杂、多样的语言实践机会。这种精准、动态的学习引导方式，能够最大限度地提高学习效率，帮助学习者尽快实现目标。

智能助手能根据学习者的实时反馈和学习数据，动态调整教学策略和学习内容。通过分析学习者的错题、做题速度、学习时长等数据，系统能够准确把握学习者的薄弱环节和知识盲区，并有针对性地给出练习和强化。这种实时的学习跟踪与反馈，能够帮助学习者及时发现并纠正错误，巩固所学知识，达到事半功倍的学习效果。

智能助手为学习者提供了丰富、灵活的人机互动方式，学习者可以随时通过语音、文字、图像等方式与系统进行交流，寻求学习指导和问题解答的方式。系统借助自然语言处理和知识图谱技术，能够准确理解学习者的意图，并给出专业、权威的解答。这种沟通无障碍、响应及时的智能答疑方式，能够解决学习者在自主学习中遇到的种种困惑，增强其学习信心和动力。

显然，智能外语学习助手代表了语言教育领域的一次革命性变革。它突破了传统教学模式的时空限制，为学习者提供了自主、灵活、高效的个性化学习体验。在这种全新的学习模式下，学习者真正成为学习的主人，能够根据自身特点和需求调整学习节奏和策略。而借助人工智能技术的强大助力，学习者的语言学习过程必将变得更加精准、高效和有趣。

（二）外语智能写作批改

外语智能写作批改系统是人工智能技术在外语教学中的典型应用之一，该

系统利用自然语言处理、机器学习等先进算法，能够快速、准确地分析学生的外语写作，并提供及时、个性化的反馈和优化建议。这种智能化的写作批改方式，不仅大大减轻了教师的工作负担，更为学生提供了高效、便捷的写作指导，有力促进了外语写作教学的质量提升。

从功能角度看，外语智能写作批改系统通常包括语法检查、词汇分析、语篇衔接、内容相关性等多个模块。其中，语法检查模块能够精准识别学生写作中的语法错误，如单复数、时态、语态等方面的错误，并给出相应的修改意见。词汇分析模块则聚焦于用词的准确性、丰富性和多样性，针对学生在词语搭配、同义词辨析等方面的问题提供针对性的优化建议。语篇衔接模块着眼于文章的整体结构和逻辑流畅度，对照母语的写作习惯，指出中西方语篇组织模式的差异，引导学生掌握地道、得体的外语表达。内容相关性模块则基于海量语料库，分析学生写作内容与给定主题的契合度，提示其中的偏题、跑题现象，帮助学生把控文章的中心思想。

从技术原理看，外语智能写作批改系统的核心是建立在大规模语料库和深度学习模型之上的。通过对大量优质外语写作范文的学习和训练，系统掌握了词汇、语法、篇章、语用等多个维度的写作规范和要求。在实际应用中，系统将学生的写作内容与范文进行比对分析，快速发现其中存在的各类问题，并参照优秀范文给出改进方案。得益于深度学习技术的不断进步，外语智能写作批改系统的性能日臻完善，对学生写作特点的把握越发精准，反馈意见也更加细致入微。

正是凭借快速、精准、个性化的特点，外语智能写作批改系统在写作教学实践中彰显出巨大优势和广阔的应用前景。对于教师而言，该系统可以显著提高作业批改效率，使其从繁重的批改工作中解放出来，将更多精力投入教学设计、师生互动等更有价值的环节。同时，系统详尽的评析数据也为教师诊断学生写作问题、改进教学策略提供了重要依据。对于学生而言，外语智能写作批改系统无疑是一位 24 小时待命的“私人教练”，它以“严师益友”的身份陪伴左右，随时随地为学生答疑解惑、提供写作反馈，帮助学生不断进步。学生可以在写作练习中即时查看系统评分和修改意见，了解自身写作短板，有针对性地加以改进。长此以往，学生必将在外语写作水平上获得持续、显著的提高。此外，外语智能写作批改系统的普及应用，也有助于培养学生自主学习、自我反思的良好习惯，激发其写作兴趣，增强写作自信。

（三）外语口语智能训练

外语口语智能训练作为外语教学数字化转型的重要组成部分，正深刻影响着外语教学模式和学习体验。智能语音识别和语音合成技术的快速发展，为实现个性化、交互式的口语训练提供了技术支撑。通过智能算法，系统可以精准识别学生的语音输入，分析其发音、语调、语速等要素，给出及时、准确的反馈。同时，语音合成技术生成的近乎真人的发音示范，也为学生提供了身临其境的学习体验。

在智能口语训练系统的支持下，学生可以自主安排学习进度，根据个人需求选择训练内容。系统会智能推荐符合学生能力水平的练习材料，并随着学习的深入不断调整难度和重点。这种因材施教的训练方式，有助于调动学生的学习积极性，提高学习效率。此外，智能口语训练还打破了传统课堂的时空限制，学生可以利用碎片化时间随时随地进行练习。频繁、持续地语言输入和输出，是提升口语水平的关键。

外语口语智能训练不仅聚焦于语言形式，更注重语言运用能力的培养。系统设计了大量真实语境下的对话训练，学生通过扮演不同角色，模拟各种交际场景中的语言互动。在仿真对话中，学生不仅要运用所学语言知识，还需要根据语境调整语音语调，把握言语的恰当性，展现语用能力。这种沉浸式、体验式的训练，有助于学生形成语言思维，提升语言综合运用能力。

四、人工智能技术在外语教学中的应用价值

（一）提升教学效率

人工智能技术在外语教学中的应用，为教师减轻工作量、提高教学效率提供了新的路径。在传统的外语教学模式中，教师需要花费大量时间批改作业、解答学生疑问，这不仅增加了教师的工作强度，也影响了教学效果。而人工智能技术的引入，则可以有效缓解这一问题。

基于自然语言处理和机器学习算法，人工智能系统能够自动批改学生的作业，并给出详细的反馈意见。与人工批改相比，AI系统不仅速度更快、效率更高，而且可以全天候不间断的工作。这使得教师可以从繁重的批改任务中解放出来，将更多精力投入教学设计、学情分析等更有价值的工作中。同时，AI批

改系统还可以通过大数据分析，发现学生在学习过程中的共性问题，为教师优化教学提供参考。

在智能答疑方面，人工智能技术同样大有可为。借助知识图谱和问答系统，AI助手可以准确理解学生提出的问题，并给出专业、全面的解答。相较于教师，AI助手能够更迅速地响应学生需求，同时提供7×24小时不间断的答疑服务。这不仅能够满足学生随时随地学习的需要，也能够减轻教师的工作压力。此外，智能答疑系统还可以通过数据挖掘，分析学生的问题类型和知识掌握情况，为教师改进教学提供有力支撑。

（二）优化学习体验

人工智能技术的引入为外语教学注入了新的活力，为学生提供了个性化、智能化的学习体验。基于大数据和机器学习算法，智能教学系统可以精准分析每个学生的学习特点和需求，从而为其量身定制个性化的学习路径。这种因材施教的方式不仅能够最大限度地发挥学生的学习潜能，激发其内在动机，更能帮助其克服学习障碍，实现高效的语言习得。

在智能化学习路径规划中，人工智能技术展现出了卓越的优势。通过跟踪分析学生的学习行为数据，如学习进度、完成情况、错题记录等，智能系统能够实时评估学生的知识掌握程度和薄弱环节。在此基础上，系统可以动态调整学习内容的难度和顺序，为学生推荐最适合的学习材料和练习任务。这种循序渐进、因人而异的学习路径设计，能够使学生始终处于“最近发展区”，不断获得成就感和自信心，从而保持较高的学习兴趣和动力。

人工智能驱动的实时反馈机制极大地优化了学生的学习体验。在传统教学模式下，学生往往难以及时获得教师的反馈和指导，容易产生挫败感和迷茫感。而智能教学系统可以通过语音识别、自然语言处理等技术，与学生进行实时互动和交流。学生在学习过程中遇到问题时，系统可以给出针对性的提示和解释，帮助其快速理解和掌握重难点知识。同时，系统还可以对学生的学习情况进行即时评价，并给出个性化的改进建议。这种及时、精准的反馈不仅能够纠正学生的错误认知，巩固其学习成果，更能激励其不断进步，形成良性的学习循环。

个性化学习路径规划和实时学习反馈的结合，为学生营造了一个沉浸式、互动式的学习环境。在这种环境中，学生能够充分感受到被重视、被关注的体验，学习的主动性和参与度大大提高。与此同时，这种智能化的学习方式也为教师减负赋能。教师可以从重复、机械的教学任务中解放出来，将更多精力投入教学设计、学生指导等高价值工作中。教师和智能系统的协同配合，必将推动外语教学模式的革新，实现教学效果的整体提升。

（三）促进教学创新

人工智能技术的迅猛发展为外语教学变革提供了强大动力。智能技术与外语教学的深度融合，必将催生出新的教学模式和方法，重塑外语教学生态。在智能技术的赋能下，个性化、自适应的外语教学成为可能。通过对学习者语言能力、学习风格等的精准画像，人工智能系统能够为每个学生定制专属的学习路径和内容，真正实现因材施教的目标。同时，智能技术的运用还能优化教学资源配置，提供沉浸式、交互式的学习体验，激发学生的学习兴趣和主动性。

人工智能技术不仅改变了外语教学的形式，更重塑了教与学的关系。在智能化教学场景中，教师从知识的传授者转变为学习的引导者和促进者。借助智能平台，教师可以实时掌握每个学生的学习进度和效果，并及时给予针对性指导和反馈。这种数据驱动的教学决策，有助于提高教学的精准度和有效性。与此同时，学生也从被动的接受者转变为学习的主人。在人工智能的支持下，学生能够自主安排学习进度，选择适合自己的学习方式，享受个性化、互动式的学习体验。这种师生角色的转变，促进了教学相长，激发了学生的内在动力。

智能技术在催生外语教学新模式的同时，也对教师提出了新的要求。教师需要主动拥抱变革，提升信息技术素养，以开放、创新的心态探索智能教学的可能性。这不仅需要教师掌握人工智能等技术工具的使用，更要深入理解技术背后的教育理念，将技术与教学创造性地结合。只有不断更新教学理念，优化教学设计，才能真正发挥智能技术的潜力，构建高效、个性化的外语教学新生态。

在人工智能的赋能下，外语教学必将迎来全新的发展机遇。个性化、自适应的教学，沉浸式、交互式的学习，师生角色的转变，无不预示着外语教学的美好未来。面对这场变革，教育工作者要以开放、创新的心态，主动拥抱智能技术，深入理解技术背后的教育理念，不断更新教学理念和方法。唯有如此，才能真正以智能技术为翼，推动外语教学向智能化、个性化、高效化的方向发展，开创外语教育的崭新局面。

第三章　外语教学数字化平台构建

第一节　外语教学数字化平台的构建原则

一、用户导向原则

（一）用户需求中心

以用户需求为中心是构建高质量外语教学数字化平台的首要原则。只有深入分析用户的学习需求和行为习惯，精准把握其痛点和期望，才能为其提供真正有价值、有吸引力的个性化教学服务。这需要平台开发者跳出技术视角的局限，站在用户的立场去思考问题，用同理心去体验用户的真实感受。具体而言，以用户需求为中心的外语教学数字化平台应该具备以下特征：

第一，提供丰富多样的学习资源。不同用户的语言基础、学习目的、认知风格都存在差异，因此平台需要提供涵盖听说读写等各项语言技能、满足初中高不同难度层次的学习内容。除了文本材料，还应包括音频、视频、动画等多媒体资源，以适应用户的多元化需求。

第二，支持个性化学习。平台应该能够根据用户的学情和特点，利用大数据、人工智能等技术，为其推送最契合的学习内容，制订针对性的学习计划，并随着其学习进程的推移动态调整优化内容，做到因材施教。

第三，创设真实语境。语言学习的最终目的是运用，因此平台需要为用户营造贴近真实生活和工作场景的语言环境，增加情境对话、角色扮演等体验式学习活动，强化语言知识与实际应用的联系。

第四，注重人文内涵。语言承载了民族的文化基因，蕴含了丰富的人文精神。平台在传授语言知识的同时，应该引导用户感知异国文化的独特魅力，培养其跨文化交际能力和全球胜任力，树立正确的价值观和国际视野。

（二）用户体验优化

重视用户体验是外语教学数字化平台构建过程中必须坚守的基本原则之一。

随着信息技术的飞速发展和学习者日益多样化的需求，传统的外语教学模式已难以满足新时代人才培养的要求。为了适应这一变革，外语教学必须借助数字化平台的力量，创新教学理念、优化教学设计、丰富教学资源，最终实现教与学方式的根本性转变。而用户体验无疑是衡量数字化教学平台成败的关键因素。

1. 简洁、美观、易用

清晰合理的布局、和谐统一的色彩搭配、精美生动的视觉元素，都有助于营造良好的学习氛围，吸引学生眼球，提升其使用平台的兴趣和动力。同时，人性化的导航设计、清晰明确的功能分区，可以帮助学生快速找到所需资源，减少认知负荷，从而获得流畅顺滑的学习体验。此外，平台还应提供个性化的界面定制功能，允许学生根据自己的喜好调整字体、颜色等要素，以满足其独特的审美需求。

2. 符合学生认知规律和行为习惯

信息架构的合理搭建、页面元素的巧妙布置、交互流程的优化设计，都能够引导学生形成清晰的思路，降低操作难度，激发其探索平台、深度学习的欲望。例如，在课程学习模块中，教师可以采用任务驱动、情境创设等教学策略，通过设置一系列小目标，引导学生，循序渐进地掌握知识技能。同时，也要为学生提供充足的实践机会，鼓励其积极参与在线测试、虚拟情境对话等互动训练，在模拟真实语境中强化语言运用能力。

3. 重视交互反馈机制的建立

平台应重视交互反馈机制的建立，针对学生的每一步操作给予及时、准确、友好的回应，以增强其获得感和信任感。当学生完成某项学习任务或取得阶段性进步时，平台应给予积极的肯定和鼓励，激发其继续探索的热情；当学生遇到困难或出现错误时，平台应提供必要的指导和提示，帮助其查漏补缺，消除畏难情绪。长此以往，学生与平台之间就能建立起良性互动，形成亦师亦友的关系，为语言学习注入持久动力。

（三）用户反馈收集

建立高效的用户反馈机制是外语教学数字化平台持续优化与发展的重要保障。平台设计再精良，功能再完备，如果无法真正满足用户需求，激发用户参与热情，其生命力必将大打折扣。因此，平台建设者必须树立以用户为中心的理念，通过多元化的渠道广泛收集用户反馈，并基于反馈信息迭代更新平台功能与服务。

具体来说，平台可以嵌入用户调查问卷、在线评价等功能模块，定期了解用户对平台各方面的评价和建议。通过设置必答题和选答题相结合的形式，既能快速掌握用户的总体使用感受，又能深入挖掘用户的具体诉求。此外，还可以开通用户交流社区，为用户搭建分享使用心得、探讨平台优化路径的互动空间。管理者可以通过社区留言、讨论帖等形式直接与用户进行沟通，及时回应用户关切的问题，增强用户黏性。

用户反馈的收集固然重要，针对反馈信息的分析与应用更是关键。平台建设者应建立专门的数据分析团队，运用文本挖掘、情感分析等大数据技术，对收集到的反馈信息进行系统梳理和智能分析，准确把握用户需求动向，找出平台优化的关键点和突破口。在此基础上，平台可以制订详细的功能升级和服务改进计划，并向用户公开反馈处理流程和结果，提升平台优化的透明度和公信力。

用户反馈的收集与应用应贯穿平台建设的全过程，形成常态化、制度化的闭环机制。一方面，要根据平台不同发展阶段，调整反馈收集的侧重点和频次，确保反馈机制与平台迭代同步协调；另一方面，要不断完善反馈分析与应用流程，提高反馈转化为平台创新动力的效率和质量。只有持之以恒地倾听用户声音，以开放包容的心态拥抱变化，才能为外语教学数字化平台注入不竭的发展活力。

二、交互性原则

（一）多元化交互支持

支持多元化的交互方式是外语教学数字化平台构建的重要原则之一。随着信息技术的迅猛发展，传统单一的文本交互已难以满足数字化时代学生的学习需求。融合文字、语音、视频等多种交互手段，能够为学生营造沉浸式、互动性强的学习环境，极大地丰富教学形式，提升学生学习效果。

从认知心理学的角度来看，多元化的交互方式有利于调动学生多种感官，促进大脑对知识的编码、储存和提取。例如，在学习英语单词时，如果学生不仅能看到单词的文本形式，还能听到其标准发音，甚至观看相关的图片或视频，就能建立起听觉、视觉等多种记忆表征，加深对单词的理解和记忆。而在练习口语对话时，如果学生能够通过语音或视频与虚拟角色进行实时互动，就能获得更为真实的语境体验，提高其语言运用能力。

多元化的交互方式有助于突破时空限制，促进教学资源共享。传统面授教学受限于教室的物理空间，教师与学生往往只能进行面对面的文字或口头交流。而数字化平台打破了这一局限，学生可以随时随地通过文字、语音、视频等方式与教师或其他学习者交流，共享优质教育资源。一个支持多元化交互的外语教学平台，不仅能够汇聚来自世界各地的语言学习材料，还能连接不同国家的母语者，为学生提供真实的跨文化交际机会。

实现多元化交互并非简单地堆砌各种技术手段，而应立足教学需求，遵循科学的教学设计原则。教师应根据教学内容和目标，甄选恰当的交互方式，并将其有机融入教学活动之中。同时，还要注重交互的针对性和情境性，避免为交互而交互。只有深入分析学情，把握学生认知规律，才能设计出行之有效的交互活动，真正激发学生的学习兴趣，达成预期的教学目标。

（二）师生、生生交流协作

构建互动社区是促进师生、生生之间交流协作的重要途径。在外语教学数字化平台中，互动社区应成为连接教师、学生、教学资源的纽带，营造良好的协作学习氛围。一个高质量的互动社区不仅能够为师生提供交流分享的空间，更能激发学习兴趣，培养协作意识，提升学习效果。

从教师层面来看，互动社区是实现教学互动、开展协同教研的重要阵地。教师可以利用社区发布教学资源，组织在线讨论，开展教学研讨，分享教学心得。这种跨时空的交流方式打破了传统教学的时空限制，拓宽了教师专业发展的路径。同时，教师还可以通过社区及时了解学生的学习情况和反馈意见，据此优化教学设计，改进教学方法，提高教学针对性和实效性。

从学生层面来看，互动社区为其提供了展示自我、交流互动的平台。学生可以在社区中发表见解，分享学习心得，寻求同伴帮助。这种平等、开放的交流氛围有利于激发学生的参与热情，培养其表达能力和批判性思维。在互动交流的过程中，学生不仅能够加深对知识的理解，还能学会倾听他人观点，尊重差异，形成包容、开放的心态。此外，学生还可以通过社区参与各种协作学习活动，如在线小组讨论、协作写作等，从而提升团队协作能力和问题解决能力。

互动社区的构建需要遵循以下原则：首先，社区应具有明确的主题和目标定位，围绕外语教学这一核心开展各项活动。其次，社区应制定科学的运营机制和管理制度，包括角色分工、奖惩机制、内容审核等，确保社区健康有序地运行。再次，社区应积极营造平等、包容、互助的氛围，鼓励成员畅所欲言，尊重个体差异。最后，社区应与外语教学数字化平台的其他功能模块实现无缝对接，形成合力，为教与学提供全方位支持。

（三）实时反馈指导

在外语教学数字化平台的构建中，利用智能技术提供实时的反馈和个性化指导是一项重要而富有挑战性的任务。智能技术的引入有助于打破传统教学模式的时空限制，为学生提供更加灵活、高效的学习体验。通过对学生学习行为数据的采集和分析，智能算法能够精准把握学生的学习特点和知识掌握情况，从而生成针对性的反馈和指导。

智能技术可以从多个维度为学生提供个性化的学习支持：在语言知识学习方面，智能系统可以根据学生的错误类型和频次，自动推送相关的语法解释和练习，帮助其查漏补缺、巩固基础；在语言技能训练方面，智能语音识别和自然语言处理技术能够对学生的口语发音和书面表达进行实时评估，给出准确度和流利度的反馈，指导学生不断进步；借助知识图谱和推荐算法，智能平台可以根据学生的学习偏好和能力水平，为其量身定制个性化的学习路径和资源，最大限度地满足学生的学习需求。

智能技术在提供个性化指导的同时，也为教师的教学工作提供了有力支持。通过智能平台生成的学情分析报告，教师可以全面了解学生的学习进展和薄弱环节，有针对性地调整教学策略和内容，实现精准教学。此外，智能技术还可以代替教师完成一些重复性的工作，如作业批改、答疑解惑等，极大地减轻了教师的负担，使其能够将更多精力投入教学设计和学生指导中。

三、安全可靠原则

（一）平台系统稳定性

系统稳定性是外语教学数字化平台构建过程中必须高度重视的关键因素。一个稳定可靠的平台不仅能够保证教学活动的连续性和有效性，更能够为师生提供流畅、高效的使用体验，增强其对平台的信任和依赖。然而，在复杂多变的网络环境中，系统的稳定性面临着诸多挑战。网络攻击、硬件故障、并发访问等因素都可能导致平台瘫痪或服务中断，给教学工作带来严重影响。为了应对这些挑战，平台开发团队必须在系统架构设计之初就把平台系统的稳定性放在首要位置，采用成熟可靠的技术方案，从多个层面入手提升系统的容错能力。

从系统架构层面来看，分布式架构是保障平台稳定运行的重要技术手段。传统的单体架构将所有功能模块集中部署在一台服务器上，一旦某个模块出现故障，整个系统都可能瘫痪。而分布式架构则将不同功能模块拆分为独立的服务，部署在多台服务器上。即便某个服务出现故障，其他服务仍能正常运转，从而大大提高了系统的容错性和可用性。同时，分布式架构还能够支持水平扩展，通过增加服务器数量来应对访问量的增长，使系统能够更好地适应业务发展的需要。

从数据存储层面来看，数据备份与恢复机制是确保数据安全、保障业务连续性的关键。海量的教学资源、学习记录等数据是数字化平台的核心资产，一旦发生数据丢失或损坏，后果不堪设想。因此，平台必须建立完善的数据备份体系，对关键数据进行多重备份，并制定严格的数据恢复流程，确保在故障发生时能够快速恢复数据，将损失降到最低。同时，采用分布式存储技术如 HDFS，能够实现数据的多副本存储和自动容错，进一步提升数据的安全性和可靠性。

从运维管理层面来看，完善的监控和预警机制是保障平台稳定运行的有力支撑。通过部署性能监控系统，实时采集服务器、网络、数据库等关键组件的运行指标，并设置合理的预警阈值，运维团队可以及时发现潜在的风险和异常，在故障发生前主动进行处置，将影响控制在最小范围内。同时，建立完善的应急预案和故障处理流程，明确各岗位的职责和协作机制，能够大幅缩短故障处理时间，提高系统可用性。

采用成熟稳定的第三方服务和开源组件，是提升平台稳定性的有效途径。一些关键服务如身份认证、消息推送等，可以直接使用成熟的商业化解决方案或开源项目，避免重复开发带来的风险。同时，积极参与开源社区的贡献和交流，及时获取软件安全补丁和进行版本更新，能够有效地规避因软件漏洞导致的安全隐患。

（二）数据安全隐私保护

在外语教学数字化平台建设过程中，数据安全与隐私保护是一项至关重要的工作。随着信息技术的飞速发展，各类数字化教学平台不断涌现，海量的教学数据和用户信息也随之产生。如何有效地保障这些数据的安全，防范数据泄露风险，已经成为平台建设者必须面对和解决的问题。

1. 完善的身份认证与权限管理

外语教学数字化平台应建立严格的用户注册和登录机制，对每一个访问请求进行身份验证，确保只有合法用户才能进入系统。同时，还应根据用户的身份属性合理划分权限等级，严格控制不同用户对数据的访问、修改、下载等操作。例如，可以为教师、学生、管理员设置不同的权限模板，教师拥有课程资源的上传、发布权限，学生拥有资源的查看、下载权限，而系统数据的维护和管理则仅对管理员开放。通过细粒度的权限管控，可以最大限度地减少数据被非法访问和篡改的风险。

2. 数据加密技术

外语教学数字化平台应采用业界成熟、安全可靠的加密算法，对敏感数据进行加密存储和传输。比如，可以使用非对称加密算法对用户密码进行加密，即使数据库被攻破，攻击者也无法直接获取用户的真实密码。再如，可以使用 SSL/TLS 等安全协议对数据传输进行加密，防止数据在网络传输过程中被窃听和篡改。数据加密虽然会带来一定的系统开销，但其在提升数据安全性方面的价值是不言而喻的。

3. 建立完善的数据备份与恢复机制

外语教学数字化平台应根据数据的重要性制定相应的备份策略，对关键数据进行定期的全量备份和增量备份，并将备份数据存储在异地的灾备中心。一旦发生数据损毁或丢失的情况，可以通过备份数据快速恢复系统，最大限度地减少损失。同时，还应该制定详尽的数据恢复预案，明确数据恢复的流程、责任人和时间节点，确保在危机发生时能够从容应对。

4. 重视安全意识的培养和安全文化的建设

定期开展面向管理员、教师和学生的网络安全教育培训，普及数据安全和隐私保护知识，提高用户的安全防范意识。制定严格的数据安全管理制度和操作规范，明确各岗位人员在数据安全方面的职责和义务，将安全管理落实到日常工作的方方面面。营造“人人重视安全，事事讲求安全”的良好氛围，让安全成为平台建设运营的“生命线”。

（三）应急响应机制

建立健全的应急响应机制是保障外语教学数字化平台安全稳定运行的关键所在。一旦平台出现故障或面临突发事件，能否快速、高效地处置和恢复，直接关系到教学活动能否正常开展。因此，在构建外语教学数字化平台的过程中，必须高度重视应急响应机制的完善，制定周密的应急预案，提高系统应对风险挑战的能力。

1. 制定应急预案

应急预案是应急响应机制的核心内容，它是指在平台发生故障或遭遇突发事件时，为最大限度地减少损失、维护师生权益而预先制订的行动方案。科学、可行的应急预案能够帮助运维团队在最短时间内查明原因，采取有效措施，尽快恢复平台的正常运转。在制定应急预案时，首先要全面评估平台的运行过程中可能面临的风险，包括自然灾害、网络攻击、软硬件故障等。在此基础上，针对不同类型、不同等级的风险，制定相应的处置流程和操作规范。应急预案还应明确各相关主体的职责分工，建立统一指挥、分工协作的应急处置组织体系。同时，要定期开展应急演练，检验应急预案的可操作性，不断优化完善。

2. 先进的信息技术手段

云计算、大数据、人工智能等新兴技术为平台的应急处置提供了有力支撑。例如，借助云计算的分布式架构和弹性扩展特性，可以显著提升平台抵御网络攻击、防范单点故障的能力。利用大数据分析技术，可以实时监测平台的运行状态，及时发现和预警潜在风险。人工智能算法则可用于自动分析故障原因，辅助运维人员快速定位和处置问题。总之，必须与时俱进地引入前沿技术，夯实平台安全运行的基础。

3. 体制机制的创新和制度建设的完善

要建立健全平台安全管理体系，明确安全管理的目标、原则和要求，将安全理念嵌入平台建设的全过程。要制定严格的平台运维管理制度，规范运维操作流程，强化运维人员的安全意识和责任意识。同时，要畅通用户反馈渠道，建立常态化的风险隐患排查机制，做到防患于未然。此外，还要加强与网信、公安等部门的协同联动，形成平台安全治理的合力。

四、开放性原则

（一）第三方工具资源集成

开放性是现代外语教学数字化平台构建的重要原则之一。在信息技术飞速发展的今天，教育的边界已经被打破，资源的共享成为大势所趋。传统的封闭式教学平台已经无法满足教师和学生日益增长的需求，只有秉持开放的理念，支持与第三方工具和资源的集成，才能为教与学提供更加丰富、灵活的选择。

采用开放的技术标准是实现平台开放性的关键。开放的API接口、统一的数据格式和协议，能够实现不同系统之间的互联互通，打通数据壁垒。这就意味着，外语教学数字化平台不再是一座孤岛，而是能够与其他优质教育资源实现无缝对接。教师可以根据教学需要，灵活引入外部的学习工具和资源，如在线词典、翻译软件、语音识别引擎等，极大地拓展了教学的广度和深度。学生也能够通过平台方便地访问海量的学习资源，如外语原版书籍、影视资料、新闻报道等，沉浸式地感受语言的魅力。

开放性的理念不仅体现在技术层面，更体现在资源层面。一个优秀的外语教学数字化平台，应该鼓励用户参与内容的创建和分享。UGC（User Generated Content，用户生成内容）模式能够调动广大师生的积极性，将他们从单纯的资源消费者转变为资源的创造者。例如，教师可以在平台上分享自己精心制作的教学课件、微课视频、学习指南等，供其他教师参考借鉴；学生则可以在平台上上传自己的学习笔记、心得体会、翻译作品等，与同学交流切磋。这种教学相长的模式，不仅能够极大地丰富平台资源，更能激发师生的创造力和主动性。

（二）用户参与平台建设

鼓励用户参与平台建设，是构建外语教学数字化平台的重要原则之一。在信息技术飞速发展的今天，用户已不再是被动的内容接受者，而是平台生态系统中活跃的参与者和创造者。用户参与不仅能够极大地丰富平台的教学资源，提升平台的互动性和趣味性，更能够激发用户的主人翁意识，增强其对平台的认同感和归属感。

要充分调动用户参与平台建设的积极性，需要为用户搭建便捷、多元的参与渠道，这包括但不限于在平台中开设专门的用户创作区，鼓励用户上传自制的教学视频、音频、文本等资源；设置奖励机制，对优质用户的创作内容给予物质或精神奖励；定期开展用户创作大赛，以赛促创，以创促学。与此同时，平台还应完善用户创作指引和版权保护机制，为用户创作提供规范指导和合法的权益保障。

用户参与的形式应延伸至教学活动的各个环节，如在教学设计阶段，可邀请用户代表参与平台的需求调研和可用性测试，了解用户的真实诉求，优化平台功能；在教学实施阶段，鼓励用户通过弹幕、评论等方式对教学内容提出意见和建议，促进教学反馈的及时收集和迭代改进；在教学评价阶段，引入用户互评机制，让用户参与到对教师授课和学生学习的多元评价中来。用户通过多种方式参与教学活动，不仅能使平台教学更加贴近用户需求，也能促进师生、生生之间的交流互动，提升教学质量和学习体验。

（三）面向未来可扩展性

面向未来的可扩展性是外语教学数字化平台构建过程中必须坚守的重要原则。随着信息技术的飞速发展和教育教学理念的不断更新，外语教学数字化平台也必须具备持续进化、与时俱进的能力。这就要求平台在设计之初就要预留充足的扩展接口，为后续功能模块的拓展和升级提供便利。

从技术架构层面来看，外语教学数字化平台应采用模块化、组件化的设计思路，将各功能模块解耦，实现高内聚低耦合。这种松耦合的架构有利于平台的弹性扩展和灵活组合，能够快速响应教学需求的变化。例如，当外语教学理念更新、教学内容改进时，平台可以通过更新或新增相应的功能模块，在不影响整体稳定性的前提下实现功能迭代。同时，松耦合架构也有利于不同开发团队并行工作，提升研发效率。

从功能拓展层面来看，外语教学数字化平台应支持个性化的功能定制和第三方应用的接入。一套标准化、通用化的教学平台往往难以满足所有院校和教师的个性化需求。因此，平台应开放必要的 API 接口，允许学校和教师在统一框架下进行个性化功能的开发和定制，打造契合自身特色的数字化教学方案。同时，平台还应支持优质的第三方教学应用和工具的便捷接入，通过资源共享和能力互补，构建开放、协同、共生的数字化教学生态，为师生提供更丰富多元的教学资源和学习体验。

从数据整合层面来看，外语教学数字化平台应具备海量数据存储和智能分析挖掘的能力。在数字化教学的过程中，学生的学习行为轨迹、学习效果评估等大量动态多源异构数据不断产生。平台需要构建可扩展的分布式存储系统和数据仓库，满足数据规模和数据类型快速增长的需要。与此同时，平台还要运用大数据分析、机器学习等智能技术，对教学数据进行深度挖掘，形成可视化的教学分析报告和个性化学习建议，为教师优化教学策略、为学生提供精准辅导提供数据支撑。随着需求的变化和数据的累积，智能分析模型也需要持续迭代优化。

第二节 外语教学数字化平台的功能模块构建

一、在线教学模块构建

（一）在线教学模块的功能设计

在线教学模块是外语教学数字化平台的核心组成部分，其功能设计直接影响着平台的教学效果和用户体验。要建设一个高质量的在线教学模块，必须立足外语教学的特点和规律，充分考虑教师教学和学生学习的实际需求，精心设计各项功能，优化使用流程，提供完善的支持服务。

从教学内容呈现的角度看，在线教学模块应该支持多种媒体形式，包括文本、图片、音频、视频、动画等，以满足不同教学内容的展示要求。例如，语法知识可以通过文本说明和示例句的方式呈现，语音语调可以通过音频和口形视频来演示，跨文化交际场景可以通过情境动画来模拟。多样化的媒体呈现方式不仅能够增强教学内容的直观性和生动性，提高学生的学习兴趣，还能够照顾到学生的个体差异，满足不同学习风格的需求。

从师生互动的角度看，在线教学模块应该提供丰富的互动工具，促进教学过程中师生、生生之间的交流与协作。例如，教师可以通过视频会议、在线讨论等方式与学生实时互动，及时解答学生疑问，引导学生思考。学生之间可以通过小组协作、同伴互评等方式开展合作学习，在交流碰撞中加深对知识的理解和运用。互动工具的设计应该注重用户体验，提供清晰的操作指引和便捷的使用流程，降低师生使用门槛，提高互动效率。

从教学活动组织的角度看，在线教学模块应该为教师提供灵活、高效的教学管理工具。例如，教师可以根据教学需要设置教学单元，制订教学计划，随时调整教学进度。教师还可以方便地布置和批改作业，生成学情分析报告，实现教学过程的精细化管理。对于学生来说，在线教学模块应该提供清晰的学习路径指引和个性化的学习支持。学生可以根据自己的学习进度和需求，灵活安排学习时间和内容，系统可以根据学生的学习行为和效果，提供针对性的学习资源推送和改进建议。

从教学评价与反馈的角度看，在线教学模块应该建立多元化的评价指标体系，全面、客观地评估学生的学习效果。评价指标不仅包括语言知识的掌握程度，还应该涵盖语言运用能力、跨文化交际能力、自主学习能力等。评价方式也应该灵活多样，线上测试、过程性评价、学习数据分析等都是可以运用的评价手段。评价结果应该及时反馈给学生，帮助其客观认识自己的学习状况，同时，教师也可以根据评价结果优化教学策略，提高教学针对性和有效性。

（二）在线教学模块的技术实现路径

在线教学模块是外语教学数字化平台的核心组成部分，其技术实现路径直接关系到教学效果和学习体验。为了构建高质量的在线教学模块，必须综合运用多种信息技术手段，并遵循科学的教学设计原则。

在线教学模块应基于成熟的网络平台架构，确保系统的稳定性、安全性和可扩展性。当前主流的 Web 开发框架如 Spring、Django 等，都能够很好地支撑在线教学模块的构建。通过采用 MVC（Model－View－Controller）设计模式，可以实现业务逻辑、数据管理和用户界面的分离，提高系统的可维护性。同时，引入负载均衡、分布式部署等技术，可以有效应对大规模并发访问的场景。

在线教学模块应充分利用多媒体技术，为师生互动提供丰富、灵活的手段。音视频通信是实现实时教学的基础，WebRTC、RTMP 等协议可以支持高质量的音视频传输。通过集成互动白板、文档共享、屏幕分享等工具，教师可以方便地展示教学内容，学生也能够实时参与讨论和协作。借助 VR/AR 等沉浸式技术，还可以创设逼真的语言情境，让学生在“身临其境”中学习语言知识，提高学习兴趣和效果。

在线教学模块的设计应充分考虑用户体验和交互设计原则，界面布局要简洁明了，功能设置须符合教学流程和认知规律。通过合理的交互设计，引导师生高效地开展教学活动。同时，要为教师和学生提供完善的支持服务，如使用指南、在线帮助等，帮助其快速上手，及时解决使用过程中遇到的问题。通过持续的优化和迭代，不断提升在线教学模块的可用性和用户体验。

（三）在线教学模块的质量评估与改进机制

在线教学模块的质量评估与改进机制是外语教学数字化平台构建的关键环节。高质量的在线教学不仅需要精心设计的教学内容和先进的技术支持，更离不开科学、系统的质量评估体系。只有通过持续不断地评估与反馈，发现并解决教学过程中存在的问题，才能真正实现在线教学质量的提升。

1. 建立多维度、多主体的评估指标体系

评估指标应该涵盖教学内容、教学方法、教学互动、学习效果等各个方面，既要重视教学过程，也要关注学习结果。同时，评估主体不应局限于教师和管理者，更要充分吸纳学生的意见和建议。学生作为在线教学的直接参与者和受益者，对教学质量有着最直观、最真实的感受。让学生参与到评估过程中来，一方面可以促进教学反思，改进教学实践；另一方面也有助于增强学生的参与感和获得感，提高其学习积极性。

2. 数据分析

在线教学平台能够采集学生学习行为的海量数据，如学习时长、学习进度、互动频次、作业完成情况等。通过对这些数据进行挖掘和分析，可以准确地把握学生的学习状态和学习需求，为教学改进提供有力支撑。例如，通过分析学生在不同知识点上的掌握情况，教师可以及时调整教学策略，因材施教；通过跟踪学生的学习进度和完成质量，教师可以适时进行教学干预，保证教学效果。教学管理者也可以根据数据分析结果，优化资源配置，完善平台功能，为在线教学创造良好条件。

3. 持续改进

质量评估不是目的，而是手段，其最终目的是推动教学实践的改进和创新。在线教学要建立常态化的反馈机制，及时将评估结果反馈给相关主体，并积极采取行动加以改进。对于暴露出的共性问题，如教学内容的针对性不强、教学方法单一等，要通过集体备课、教学研讨等形式，形成系统的解决方案。对于个性化问题，如学生学习基础参差不齐、学习风格差异大等，则需要因人而异，提供个性化的教学服务。改进在线教学质量是一个不断探索、不断完善的过程，需要在理论和实践的结合中，在经验总结和反思中持续推进。

二、学习资源模块构建

（一）外语学习资源的分类与组织

外语学习资源的分类与组织是构建高效、实用的外语教学数字化平台的重要基础。随着信息技术的迅猛发展，海量的外语学习资源不断涌现，给学习者提供了前所未有的学习机会。然而，庞杂的资源也给学习者带来了选择和使用上的困难。如何对这些资源进行科学、合理地分类和组织，使其更好地服务于外语教学，已经成为亟待解决的问题。

外语学习资源的分类需要遵循一定的原则和标准。

首先，分类应该以学习者的需求为导向。不同学习阶段、不同学习目的的学习者对资源的需求是不一样的。因此，要根据学习者的语言水平、学习兴趣、学习风格等因素，将资源划分为不同的类别，方便学习者快速、精准地找到所需的资源。

其次，分类应该体现资源的内在逻辑和学科特点。外语学习涉及语音、词汇、语法、文化等多个方面，不同类型的资源在内容、形式、难度等方面都有所差异。科学的分类应该尊重这种差异，突出各类资源的特点和优势，帮助学习者系统、全面地掌握语言知识和技能。

最后，分类应该具有一定的灵活性和开放性。语言是不断发展变化的，新的教学理念、教学模式也在不断涌现。分类系统应该具有一定的包容性，能够及时吸收和反映外语教学的最新成果，满足学习者不断变化的需求。

在明确分类原则的基础上，外语学习资源可以从不同角度进行分类。按照语言技能，可以分为听力资源、口语资源、阅读资源、写作资源等；按照语言要素，可以分为语音资源、词汇资源、语法资源等；按照媒体形式，可以分为文本资源、音频资源、视频资源、多媒体资源等；按照难度等级，可以分为初级资源、中级资源、高级资源等。不同的分类维度相互交叉、相互补充，构成了一个立体化的资源分类体系。

科学的资源分类为资源的有效组织提供了基础。在实际的资源组织过程中，需要综合考虑资源的内容、形式、难度等因素，将相关资源有机地组合在一起，形成系统化、模块化的学习单元。比如，在针对初学者的语音学习单元中，可以将发音规则的文本说明、示范性的音频材料、发音练习的互动游戏等资源整合在一起，帮助学习者全方位地理解和掌握语音知识。又如，在高级写作学习单元中，可以将优秀范文、写作技巧讲解、批改反馈系统等资源组合在一起，为学习者提供全流程、个性化的写作指导。这种围绕特定学习目标进行的资源组织，能够最大限度地发挥各类资源的优势，提高外语学习的针对性和实效性。

（二）个性化学习资源推荐算法设计

个性化学习资源推荐算法设计是外语教学数字化平台构建的关键环节之一。随着大数据、人工智能等技术的快速发展，传统的“一刀切”式学习资源推送模式已经难以满足学生日益多样化、个性化的学习需求。为了提高外语学习的针对性和实效性，实现因材施教、精准教学的目标，必须在数字化平台中嵌入智能化的个性化学习资源推荐算法。

个性化学习资源推荐算法的设计需要综合考虑学生的学习特点、知识基础、兴趣爱好等多维度因素。首先，算法需要采集并分析学生在平台上的学习行为数据，如学习时长、学习进度、练习得分等，以准确把握学生的学习状态和能力水平。其次，算法还要结合学生的个人信息，如年龄、性别、专业背景等以及学生在平台上填写的兴趣爱好问卷，全面了解学生的学习需求和偏好。在此基础上，算法可以利用协同过滤、内容过滤等技术，从海量的外语学习资源中筛选出与学生特征相匹配、与学生能力水平相适应的个性化学习内容。

在个性化学习资源推荐过程中，算法应注重学习资源的多样性和递进性。一方面，推荐的学习资源应涵盖听、说、读、写、译等多个语言技能训练维度，以及语法、词汇、文化等多个知识模块，全面促进学生的外语综合能力提升。另一方面，推荐的学习资源难度应随着学生能力水平的提高而不断加大，既要保证学生能够较容易地理解和掌握，又要适度超出学生的当前水平，激发其学习兴趣和潜力，实现学习能力的螺旋式上升。此外，个性化学习资源推荐算法还应具有一定的自适应性和动态性。即根据学生的实时学习反馈数据，动态调整推荐策略和内容，既要及时巩固学生的学习成果，弥补其知识盲点，又要不断拓展学生的学习广度和深度。

个性化学习资源推荐算法的应用将极大地提升外语教学数字化平台的智能化水平和教学实效。通过科学分析学生特征，精准推送匹配的学习内容，平台可以为每一位学生量身打造专属的学习方案，最大限度地激发学生的学习兴趣，满足学生的个性化需求。同时，教师也可以利用平台推荐的个性化学习资源，针对不同学生的实际情况进行有的放矢的教学设计，真正实现因材施教、分层教学的目的。这不仅能够有效提高外语教学的质量和效率，更能够促进学生外语综合应用能力的全面发展。

（三）学习资源的版权保护与共享机制

学习资源是外语教学数字化平台的重要组成部分，它为学生提供了丰富多样的语言学习素材和工具，是实现个性化、自主化学习的基础。然而，在学习资源的建设和应用过程中，版权保护与共享机制的缺失往往成为资源质量提升和学习者参与的瓶颈。因此，构建科学、合理的学习资源版权保护与共享机制，已经成为外语教学数字化平台建设中亟待解决的重要问题。

从版权保护的角度来看，外语学习资源的形式和来源呈现出多样化特征。除了传统的文本、音频、视频等形式外，学习者生成的内容正在成为学习资源的重要补充。这些资源可能来自外语教师的原创设计，也可能来自学生在学习过程中的笔记、作业、项目成果等。对于这些富有创意和特色的资源，必须建立起完善的知识产权保护机制。一方面，要明确资源作者的权利归属，保障其合法权益不受侵犯；另一方面，要完善平台的内容审核和管理流程，防止侵权行为的发生。只有在尊重和保护知识产权的前提下，外语教师和学生才能安心地创作和分享优质学习资源，激发内容生产的活力。

从资源共享的角度来看，外语教学数字化平台应致力于构建开放、互惠的资源共享生态。首先，平台应借鉴开放教育资源的理念，鼓励资源创作者采用知识共享等开放许可协议，明确资源的使用、修改、再分发等权限，为资源的合法共享提供制度保障。其次，平台应搭建资源共享的技术架构和标准规范，提供资源元数据、版权声明等必要信息，方便用户检索、获取和利用资源。最后，平台应营造互惠共享的文化氛围，激励教师和学生广泛参与资源的建设和应用，形成良性循环。通过开放共享，外语教学数字化平台不仅能够促进优质资源的传播和再创作，提升整体资源质量，也能为学习者营造丰富、多元的学习生态。

在具体实施策略上，外语教学数字化平台可以采取以下举措：一是完善资源录入和发布流程，将版权审查作为必经环节，明确资源的权利归属和使用许可；二是加强平台用户的版权意识教育，普及知识产权保护和合理使用等方面的知识；三是鼓励资源创作者采用知识共享协议，以“署名—非商业性使用—相同方式共享”等形式，平衡创作激励和传播效益；四是利用区块链、数字水印等技术手段，为资源确权、维权提供有力保障；五是营造开放、共享、协作的文化氛围，树立资源共建共享的典范。

三、互动社区模块构建

（一）互动社区的功能设计与用户需求分析

互动社区作为外语教学数字化平台的重要组成部分，在促进学生自主学习、提高学习兴趣和效果方面发挥着不可替代的作用。互动社区的设计与构建需要立足学生的实际需求，遵循外语学习的规律，合理运用信息技术手段，最大限度地激发学生的参与热情和创造潜能。

1. 用户需求分析

外语学习者来自不同的年龄段、文化背景和学习水平，他们对互动社区的期望和诉求也各不相同。因此，互动社区的设计必须以用户为中心，深入了解不同类型学习者的特点和需求，有针对性地提供个性化的功能和服务。例如，对于初学者来说，互动社区应该提供丰富多样的学习资源，如音频、视频、动画等，帮助其掌握基本的语言知识和技能；而对于高阶学习者而言，互动社区则应该创造更多展示和运用语言的机会，如组织跨文化交流活动、开展专题讨论等，以提高其语言运用能力和跨文化交际能力。只有准确地把握用户需求，互动社区才能真正成为学生乐于使用、愿意投入的学习平台。

2. 互动性

互动性是互动社区的灵魂所在，旨在打破传统教学的师生界限，营造平等、开放、协作的学习氛围。为此，互动社区可以设置在线聊天室、讨论区、博客、Wiki 等交流工具，鼓励学生自由地表达观点、分享见解、探讨问题。同时，教师也应该积极参与到互动中来，及时解答学生疑问，引导话题讨论，启发创新思维。在互动的过程中，学生不仅能够加深对知识的理解和运用，更能提升语言表达、批判性思维等关键能力。

3. 趣味性

枯燥乏味的学习内容和方式往往难以调动学生的积极性，而寓教于乐的互动社区则能有效激发其学习兴趣。为此，互动社区可以融入游戏化的学习元素，设计富有挑战性和娱乐性的任务和活动，如情境对话、角色扮演、虚拟现实体验等，让学生在轻松愉悦的氛围中学习和运用语言。同时，互动社区还可以定期开展各类竞赛活动，如口语大赛、写作比赛、知识竞答等，以赛促学，以赛促用，充分调动学生的参与热情和竞争意识。

4. 实用性

互动社区的建设不能脱离学生的实际语言运用需求，而应该紧密结合生活、学习、工作等真实场景，提供切实有用的服务和支持。例如，互动社区可以整合优质的外语学习资源，如权威词典、名家讲座、经典文献等，方便学生随时查阅和学习；开发在线写作辅助工具，如语法检查、论文降重等，帮助学生提高写作水平；提供留学、考试、就业等信息咨询服务，为学生的成长和发展提供全方位指导。只有体现实用价值，互动社区才能真正赢得学生的信赖和支持，实现可持续发展。

（二）互动社区的激励机制设计

互动社区作为外语教学数字化平台的重要模块，在提升学生学习兴趣、促进交流互动、构建协作学习环境等方面发挥着不可替代的作用。然而，要真正发挥互动社区的育人功能，必须精心设计科学合理的激励机制。只有通过激励机制的合理运用，才能充分调动学生参与互动的积极性，营造良性互动的学习生态。

从认知层面来看，互动社区的激励机制设计应着眼于促进学生的认知发展。根据建构主义学习理论，学生的认知发展是在与环境互动中实现的。互动社区为学生提供了一个开放、多元的互动环境，学生通过在社区中的交流讨论、协作探究等活动，能够不断丰富和拓展自己的认知结构。因此，互动社区的激励机制应围绕促进学生积极参与、深度互动来设计。例如，可以对学生的优质讨论、精彩见解进行加分奖励，对学生在协作任务中的贡献给予积分激励等。这些激励措施不仅能够引导学生投入更多的时间和精力，也有助于学生在互动中形成批判性思维和创新意识。

从情感层面来看，互动社区的激励机制设计应注重营造积极向上的情感氛围。学生的学习动机和学习效果在很大程度上受其情感状态的影响。在外语学习过程中，学生往往会因为语言障碍、文化差异等原因产生焦虑、沮丧等负面情绪，而互动社区恰恰能够成为疏导这些情绪的有效平台。通过激励机制的合理设计，教师可以鼓励学生在互动社区中分享学习心得、交流情感体验，以获得来自同伴的支持和鼓励。同时，教师还可以通过表扬、奖励等方式，对学生在互动中表现出的友善、包容、互助等积极品质予以肯定，营造良好的社区氛围。这不仅有利于学生树立学习自信，也能促进其养成积极健康的情感品质。

从社会层面来看，互动社区的激励机制设计应体现社会主义核心价值观的要求。互动社区是学生学习和生活的重要组成部分，也是其社会化的重要平台。因此，互动社区的建设必须坚持育人为本、德育为先的原则，将社会主义核心价值观融入其中。具体到激励机制的设计，就是要引导学生在互动中践行爱国、敬业、诚信、友善等价值理念，鼓励其在交流讨论中坚持真理、勇于创新、严谨求实的科学精神。例如，可以开展“优秀社区成员”的评选活动，对在互动中表现出积极向上价值追求的学生予以表彰奖励。又如，可以设置“创新奖”“贡献奖”等奖项，激励学生在学习和实践中勇于探索、敢于创新。通过这些举措，互动社区不仅能够促进学生外语能力的提升，更能引领其形成正确的价值观念。

（三）互动社区的管理与运营策略

互动社区是外语教学数字化平台的重要组成部分，其管理与运营的成效直接影响着平台的活跃度和用户黏性。为了充分发挥互动社区的作用，提升学习者的参与度和满意度，平台需要制定科学、有效的管理与运营策略。

1. 构建完善的规章制度和行为准则

平台应明确社区成员的权利与义务，规定允许和禁止的行为，并建立相应的奖惩机制。这些制度不仅要体现教育性和引导性，更要兼顾人性化和包容性。通过制度设计，既要维护社区秩序，营造良好的学习氛围，又要给予学习者一定的自主权和表达空间，避免因管理过度而抑制其积极性。

2. 持续输出优质内容，激发学习者的兴趣和参与热情

平台可以定期组织主题讨论、在线问答、经验分享等活动，引导学习者围

绕特定话题展开交流互动。同时，平台还应重视用户生成内容（UGC）的挖掘和利用，鼓励学习者分享学习心得、生活见闻等，形成良性互动。此外，邀请外语教学专家、优秀教师定期开展在线讲座、答疑解惑，也能有效地提升社区的吸引力和权威性。

3. 大数据技术的支持

通过对用户行为数据进行分析，平台可以洞察学习者的兴趣偏好、互动特征等，进而开展精准化运营。例如，对活跃用户和意见领袖给予积分奖励、荣誉勋章等激励；利用智能算法实现个性化内容推送，满足学习者的差异化需求；基于社交网络分析识别小组关系，促进群体间交流协作。数据驱动的管理与运营模式，能够显著提升互动社区的针对性和实效性。

4. 重视用户反馈和社区评估

平台应畅通用户反馈渠道，及时收集、分析学习者的意见和建议，并据此优化社区功能和服务。定期开展社区满意度调查、互动质量评估等，也是改进管理与运营的重要依据。只有坚持以用户为中心、持续改进优化，才能真正增强互动社区的凝聚力和影响力。

四、数据分析与评估模块构建

（一）学习行为数据采集与处理

学习行为数据采集与处理是外语教学数字化平台建设的关键环节，对于优化教学过程、提升教学质量具有重要意义。随着大数据、人工智能等新兴技术的迅猛发展，海量的学习行为数据为我们深入洞察学生的学习特点、精准把握教学规律提供了前所未有的机遇。但同时，如何有效地收集、整理、分析这些数据，并将其转化为教学优化的实际举措，仍然是摆在外语教育工作者面前的一大挑战。

1. 学习行为数据的采集需要建立在科学、规范的数据标准之上

外语教学涉及听、说、读、写、译等多个方面，学生的学习行为也呈现出多样化、个性化的特点。为了全面、客观地记录这些行为，我们首先要制定统

一的数据采集标准，明确界定各类学习行为的内涵和外延，并设计合理的数据采集指标体系。比如，在听力学习方面，我们可以从音频播放次数、重复收听率、笔记记录量等维度来采集数据；在口语学习方面，我们可以通过语音识别技术分析学生的发音准确度、语速流利度、语法规范性等。总之，只有在科学的数据标准指引下，才能确保采集到的学习行为数据具有高度的准确性、一致性和完整性。

2. 对原始数据进行必要的清洗和预处理

由于学生群体的多样性和学习环境的复杂性，采集到的数据难免会存在一些噪声、异常值或遗漏值。如果不加以处理，就会影响后续数据分析的准确性。因此，我们要运用数据挖掘、机器学习等技术手段，对原始数据进行去重、归一化、特征提取等操作，从而提高数据的质量。同时，还要注重数据的安全性和隐私性。学习行为数据涉及学生的个人隐私，一旦泄露或被滥用，将给学生带来不可估量的伤害。因此，在数据处理过程中，我们必须严格遵循相关法律法规，采取必要的数据脱敏、加密等措施，最大限度地保护学生的合法权益。

3. 为教学优化提供数据支撑和决策依据

通过深入挖掘学习行为数据，我们能够准确把握学生的学习特点和个性需求，因材施教，推送个性化的学习资源和服务。比如，针对学习进度较慢的学生，我们可以通过数据分析发现他们在哪些知识点上存在障碍，进而提供针对性的学习帮助；针对学有余力的学生，我们可以为其推荐更高阶、更有挑战性的学习内容，满足其进一步发展的需要。与此同时，学习行为数据还能为教师提供及时、全面的教学反馈。通过跟踪分析学生在平台上的各项学习行为，教师能够实时掌握教学效果，发现存在的问题，并据此调整教学策略和方法。久而久之，就能形成基于数据驱动的教学优化闭环，不断提升外语教学的针对性和有效性。

（二）学习效果评估指标体系构建

构建科学合理的学习效果评估指标体系是外语教学数字化平台高质量运行的重要保障。传统的学习评估方式往往侧重于结果导向，将学生的考试成绩作为衡量学习效果的唯一标准。这种评估模式难以全面反映学生的语言运用能力，忽视了学习过程中的努力和进步，甚至会挫伤学生的学习积极性。而在数字化时代，海量的学习行为数据为构建多元化、动态化的评估指标体系提供了可能。

1. 评估指标体系应体现外语学习的多维性和综合性

语言学习不仅包括语音、词汇、语法等语言知识的掌握，还涉及听、说、读、写、译等语言技能的运用。因此，评估指标既要考查学生对语言知识的理解和记忆，又要考查其在真实语境中运用语言进行交际的能力。除语言能力外，学生的文化意识、思辨能力、自主学习能力等也应纳入评估范畴。只有建立起多维度、多层次的指标体系，才能较为全面地评估学生的外语综合素养。

2. 评估指标体系应注重过程性和发展性

语言学习是一个循序渐进、不断积累的过程，学生的语言能力也会随着学习的深入而不断提升。因此，评估不应局限于某个时间节点，而应贯穿于整个学习过程之中。通过记录学生在不同阶段的学习表现，动态追踪其能力发展轨迹，教师可以及时发现问题，调整教学策略，从而更有针对性地帮助学生提升语言水平。同时，这种过程性评估也有助于学生及时获得反馈，调整学习方法，增强学习的主动性和有效性。

3. 评估指标体系应体现个性化和差异性

每个学生的语言基础、学习风格、兴趣爱好都存在差异，因此在评估时，不应“一刀切”，而应根据学生的不同特点设置有针对性的指标。例如，对于基础薄弱的学生，评估可以更加侧重语言知识的掌握和巩固；而对于语言水平较高的学生，评估则可以更加强调语言运用能力的拓展和提升。此外，学生在口语、写作等不同语言技能上的发展速度和程度也可能存在差异，评估指标的设置应足够灵活，照顾到这些差异，给予学生更加个性化的反馈和指导。

4. 评估指标体系的制定应充分利用数字化平台的优势

在线学习平台可以自动记录学生的学习行为数据，如学习时长、学习频率、练习正确率、互动参与度等。通过对这些数据的挖掘和分析，平台可以动态生成学习效果报告，向学生呈现其优势领域和薄弱环节，提供个性化的学习建议。教师也可以据此掌握学生的整体学情，优化教学内容和策略。此外，在评估过程中引入学生自评、互评等多元评价方式，通过评价量规的设计引导学生开展自主反思和同伴互助，也能促进其自我监控和调节能力的提升。

（三）数据可视化呈现与分析决策支持

数据可视化呈现与分析决策支持是数字化外语教学平台不可或缺的重要组成部分。在海量的教学和学习数据面前，教师和管理者往往难以从中提炼出有价值的信息，更无法基于数据进行科学决策。而数据可视化技术则为破解这一难题提供了有效途径。通过对数据进行图形化、直观化地呈现，使用者能够快速洞察数据背后的规律和趋势，为教学优化和决策制定提供可靠依据。

从技术实现路径来看，构建数据可视化呈现与分析决策支持模块需要多种关键技术的支撑。首先是数据挖掘和处理技术，通过对原始数据进行清洗、转换和集成，为后续分析奠定基础。其次是数据分析和建模技术，运用统计学、机器学习等方法，揭示数据中蕴含的关联规则和预测模型。最后是可视化设计技术，遵循科学、美观、易用的原则，设计出直观、生动、高效的可视化界面。最后是人机交互技术，为使用者提供灵活、便捷的交互方式，实现人机协同探索和分析。

数据可视化呈现在外语教学数字化平台中的应用形式丰富多样，如通过学情分析面板，教师可以实时掌握学生的学习进度、掌握程度、薄弱环节等，据此调整教学策略和进度。再如，借助教学质量评估报告，管理者能够洞察各班级、各学科的教学效果和问题所在，为资源配置和绩效考核提供依据。此外，个性化学习路径推荐、学习行为预警等功能，也有赖于数据分析和可视化技术的支撑。

第三节　外语教学数字化平台的运维管理

一、外语教学数字化平台运维管理的重要性

（一）确保平台稳定运行

随着信息技术的快速发展，外语教学数字化平台已成为语言教育领域的重要基础设施。这些平台集合了丰富的教学资源、先进的技术工具和互动交流空间，为师生提供了全新的教与学体验。然而，外语教学数字化平台的教学效能并非唾手可得，其能否持续、稳定、高效地运行，在很大程度上取决于运维管

理是否具有科学性和有效性。

1. 高效的运维管理是保障外语教学数字化平台连续性和可用性的关键

数字化平台由诸多软硬件系统构成，其运行涉及服务器、网络、存储、数据库等多个层面。任何一个环节出现故障，都可能导致平台瘫痪，影响教学秩序。因此，运维团队必须时刻监控平台运行状态，第一时间发现并解决潜在问题，确保系统的连续性。同时，面对不断增长的用户需求和数据流量，运维团队还需要对平台进行适时的升级和扩容，提高系统的并发处理能力和稳定性。只有建立起完善的运维管理机制，外语教学数字化平台才能像一个永不停歇的发动机，为语言教育提供源源不断的动力。

2. 优质的运维服务是提升用户体验、赢得用户信任的有效途径

在数字化时代，师生对教学平台的依赖程度越来越高，对平台的功能性、易用性、交互性提出了更高要求。运维团队需要站在用户的角度，不断优化平台界面设计，精简操作流程，提高系统响应速度，让用户享受到流畅、友好的使用体验。同时，运维团队还应该构建完善的用户反馈机制和服务保障体系，及时响应并处理用户诉求，提供专业、耐心、周到的技术支持。优质的服务不仅能提升用户满意度，更能增强其黏性和忠诚度，为平台的可持续发展奠定坚实的用户基础。

3. 运维管理是外语教学数字化平台实现可持续发展的重要保障

随着教育信息化的不断推进，数字化平台已经成为外语教学的“新常态”，其战略地位日益凸显。然而，平台的生命力绝非依靠一时的热度和投入，而是要在运营实践中不断打磨、完善、升级。运维管理正是承载着平台发展使命的幕后英雄。科学、诚信、创新应该成为每一位运维人员的座右铭，使命感、责任感、荣誉感应该积淀为运维团队的精神气质。只有不断夯实运维管理的基础，坚持创新驱动的理念，外语教学数字化平台才能经得起时间的考验，焕发出勃勃生机。

（二）提升用户体验

要打造优质的运维服务，提升用户体验，需要在技术、管理、服务三个层面进行全方位的优化。从技术层面来看，外语教学数字化平台的运维团队应该

掌握先进的IT技术，如云计算、大数据、人工智能等，运用这些技术构建稳定、高效、智能的运维管理系统。通过实时监控平台运行状态，智能分析海量日志数据，运维团队可以快速发现和定位故障，实现故障的自动诊断和修复，最大限度地减少平台宕机时间，保障平台的连续性和可用性。同时，运维团队还要不断优化平台架构，提高平台的性能和扩展性，满足教学活动日益增长的计算和存储需求。

从管理层面来看，外语教学数字化平台需要建立科学、规范、高效的运维管理制度和流程。这包括制定完善的运维规范和标准，明确运维人员的岗位职责和工作流程；建立健全的应急预案和灾备机制，提高平台抵御风险和应对突发事件的能力；实施精细化的运维管理，对平台的各项指标进行量化考核和持续优化。通过规范化、流程化、精细化的运维管理，可以提高运维工作的效率和质量，降低人为错误率，确保平台稳定运行。

从服务层面来看，外语教学数字化平台的运维不仅要关注技术指标，更要以用户为中心，提供优质、贴心、个性化的服务。运维团队应该深入了解教师和学生的实际需求，主动与用户沟通，及时响应用户反馈，不断优化平台功能和界面设计。在出现故障时，运维人员要及时告知用户，并积极采取措施，尽快恢复服务，最大限度地减少对教学活动的影响。此外，运维团队还要加强培训和宣传，提高用户的平台使用技能和安全意识，引导用户正确、高效、安全地使用平台。

优质的运维服务不仅能够保障平台的稳定运行，更能够带来良好的用户体验。当教师和学生能够随时随地、方便快捷地访问平台，流畅顺滑地开展教学活动，并能够获得及时、专业、贴心的服务支持时，他们对平台的满意度和黏性就会大大提升。这不仅有利于推动外语教学数字化的深入发展，促进教学模式和学习方式的变革，更能激发教师的教学热情，调动学生的学习积极性，营造良好的教学氛围，提高外语教学的质量和效果。

（三）实现平台可持续发展

运维管理是外语教学数字化平台健康、可持续发展的根本保障。只有建立起完善的运维管理体系，制定科学合理的运维策略，配备专业高效的运维团队，外语教学数字化平台才能保持稳定运行，不断提升服务质量，满足师生日益增长的教学需求。

从系统论的视角来看，外语教学数字化平台是一个复杂的有机整体，其运行状态受到诸多因素的影响，如硬件设施、软件系统、数据资源、用户行为等。任何一个环节出现问题，都可能导致整个平台的瘫痪或崩溃。因此，运维管理必须采取全局性、系统性的思路，统筹考虑各种影响因素，协调各个子系统的运行，确保平台的整体性能和效率。这就要求运维团队不仅要精通 IT 技术，掌握平台的架构原理，还要深入了解外语教学的特点和规律，准确地把握用户的实际需求。唯有如此，才能做到未雨绸缪、防患于未然，及时发现和解决平台运行中的各种问题，为教学活动的顺利开展提供坚实保障。

从用户体验的角度来看，运维管理是提升外语教学数字化平台服务质量的关键环节。在数字化时代，用户对平台的易用性、交互性、个性化等方面提出了更高要求。如果平台经常出现访问慢、功能失灵、数据丢失等问题，势必会影响教学活动的正常进行，降低用户的满意度和信任度。反之，如果平台能够保持稳定流畅地运行，提供及时周到的服务，就能大大增强用户的认可度和黏性。可以说，良好的用户体验是外语教学数字化平台得以长远发展的根本动力。而运维管理正是提升用户体验的重要抓手。通过精细化的系统维护、个性化的需求响应、人性化的服务流程，运维团队可以最大限度地满足用户的多元化需求，营造出舒适愉悦的教学环境，激发师生的参与热情。

从资源配置的视角来看，运维管理是外语教学数字化平台实现可持续发展的重要途径。众所周知，平台的建设和运营需要大量的资金、技术、人力等资源的投入。如何在有限的资源约束下，最大化地发挥平台的效用，实现投入产出的平衡，是一个亟待解决的现实问题。科学的运维管理可以帮助平台实现资源的优化配置和高效利用。通过对平台运行数据的分析挖掘，运维团队可以准确把握资源使用的规律和趋势，有针对性地进行容量规划和扩展部署；通过对系统架构的持续优化和升级迭代，可以最大限度地压缩运营成本，提高资源利用率；通过建立灵活高效的管理机制和工作流程，可以充分调动人力资源的积极性和创造力。由此可见，运维管理是平台实现自我优化、自我升级的重要推动力，是其基业长青、行稳致远的重要保障。

二、外语教学数字化平台运维管理体系构建

（一）管理制度建设

良好的运维管理制度是外语教学数字化平台有序运行的重要保障。制度建

设需要从运维规范、运维流程和应急预案等多个层面入手，构建起系统完备、环环相扣的管理体系。

1. 运维规范

运维规范是平台运维管理的基础，它明确界定了运维工作的职责范围、工作标准和质量要求，为运维人员的日常操作提供了清晰的指引。科学、合理的运维规范能够提高工作效率，减少人为失误，保障平台的稳定运行。制定运维规范需要综合考虑平台的技术特点、业务需求和用户体验，既要体现较强的可操作性，又要兼顾一定的前瞻性和灵活性。

2. 运维流程

运维流程则聚焦于将运维规范落实到具体的工作任务中，它通过梳理平台运维的各个环节，明确每个环节的输入、输出和责任人，将复杂的运维工作分解为一系列清晰、有序的步骤。规范的运维流程能够降低工作的随意性，提高运维的时效性和准确性。设计运维流程要立足平台实际，既要保证流程的完整性和系统性，又要避免其过于烦琐，影响工作效率。通过流程再造、优化等手段，持续改进运维流程，这些是提升运维管理水平的重要举措。

3. 应急预案

应急预案是应对平台故障、安全事件等突发情况的制度保障，全面、可行的应急预案能够最大限度地减少事件带来的负面影响，确保平台在故障发生后尽快恢复正常运行。制定应急预案要基于风险评估，识别平台运行中的各种潜在风险点，针对性地设计应对措施。同时，应急预案还要明确故障处置的流程、人员分工和沟通机制，确保在关键时刻能够快速响应、有序开展工作。定期开展应急演练，检验应急预案的可行性和有效性，也是保障平台稳定运行不可或缺的环节。

（二）管理平台建设

搭建智能化、自动化的运维管理平台是提升外语教学数字化平台运维效率的关键举措。传统的运维管理模式主要依赖人工操作，存在效率低下、易出错等问题。而智能化运维管理平台能够利用大数据、人工智能等先进技术，对平台运行状态进行实时监测和分析，及时发现和预警异常情况，从而大大提高运维效率和质量。

智能化运维管理平台的建设需要从多个方面入手。首先，要构建完善的监控体系，全面采集平台运行数据，包括系统性能、用户行为、安全状态等各个维度的指标。通过对海量数据的挖掘和分析，运维人员能够全面掌握平台运行状况，为决策提供数据支撑。其次，要开发智能化的运维工具，如自动化部署、故障自愈、智能巡检等，减少人工干预，提高运维效率。最后，还要建立智能化的运维知识库和专家系统，沉淀优秀的运维经验，指导日常运维工作。

自动化是智能化运维管理平台的另一个重要特征。传统的运维工作往往需要人工执行大量重复性的任务，如软件部署、配置管理、故障处理等。而自动化运维平台能够将这些任务予以标准化和流程化，通过编写脚本或配置策略，实现任务的自动执行，大大节约人力成本。同时，自动化还能保证运维工作的规范性和一致性，避免人为失误。

自动化运维的实现离不开运维场景的梳理和流程的优化，运维团队需要深入分析各类运维场景，总结出可自动化的任务和流程，并进行合理的拆分和抽象。在此基础上，借助自动化运维平台的能力，将任务逻辑转化为可执行的脚本或配置，并纳入自动化流程之中。对于复杂的运维场景，还需要建立起完善的自动化测试和验证机制，确保自动化脚本的可靠性。

在智能化、自动化运维平台的加持下，外语教学数字化平台的运维管理必将迈上新的台阶。海量的运行数据经过智能分析，能够为平台优化提供精准的洞见和建议。自动化的运维流程大大提升了工作效率，节约了宝贵的人力资源。这些都将为提升外语教学数字化平台的使用体验和服务质量奠定坚实的基础。

（三）管理安全建设

构建全方位的安全防护体系对于保障外语教学数字化平台的稳定运行和用户数据安全至关重要。面对日益复杂的网络安全形势，平台运维管理团队需要从物理层、网络层、系统层、应用层等多个维度入手，织就一张严密的安全防护网。

第一，要确保平台的物理设施安全，包括服务器、存储设备、网络设备等关键 IT 基础设施。这需要建立完善的准入管控制度，严格限制非授权人员对机房的访问，同时配备先进的环境监控、电力保障、消防等辅助系统，最大限度降低因自然灾害、人为破坏等因素导致的安全风险。

第二，网络层面的安全防护不容忽视。通过部署高性能的防火墙、入侵检测/防御系统（IDS/IPS）、网络安全审计等设备，对进出平台的网络流量进行实时监测和过滤，及时发现和阻断各类网络攻击，如DDoS攻击、SQL注入、跨站脚本攻击（XSS）等。同时，还应定期开展网络安全漏洞扫描和渗透测试，主动发现并修复平台存在的安全隐患。

第三，操作系统和数据库作为平台的底层支撑，其安全性直接关系到整个系统的稳定性。因此，要通过合理的权限控制和访问审计，严格限制对关键系统的访问和操作，防止内部人员的误操作或恶意破坏。同时，还要保持操作系统和数据库的版本更新，及时修复已知安全漏洞，提高系统抵御外部入侵的能力。

第四，作为面向最终用户的服务窗口，应用层的安全防护也至关重要。一方面，要从源头控制应用系统的安全，在应用开发过程中遵循安全编码规范，提高软件自身的抗攻击能力。另一方面，还要通过有效的身份认证、授权管理、敏感数据加密等手段，防止非法用户对系统的越权访问和数据窃取。此外，还应定期开展代码审计和漏洞挖掘，及时发现并修复应用系统存在的安全缺陷。

三、外语教学数字化平台运维管理的策略

（一）制订科学的管理计划

制订科学的运维管理计划是保障外语教学数字化平台高效运行的关键。运维管理计划需要立足平台的实际情况，全面考虑平台的功能定位、用户需求、技术架构等因素，以确保计划的针对性和可行性。具体而言，运维管理计划应包括以下四个方面的内容。

1. 运维管理计划要明确平台的服务目标和性能指标

外语教学数字化平台的根本目的是为教学活动提供优质的信息化支持，因此平台的可用性、响应速度、数据安全等指标都需要在计划中予以明确。这些指标不仅是平台运维工作的重要参考，也是评估运维效果的关键依据。

2. 运维管理计划要合理配置运维资源，构建高效的运维团队

运维工作涉及多个专业领域，如系统管理、数据库管理、网络安全等，需要不同专业背景的人员通力协作。运维管理计划应根据平台的规模和复杂程度，科

学估算所需的人力、财力和技术资源，并建立起分工明确、职责清晰的运维团队。只有配备足够的专业人才，建立健全的运维组织体系，才能为平台的稳定运行提供有力保障。

3. 运维管理计划要建立完善的监控和预警机制

外语教学数字化平台是一个复杂的系统，其运行状态会受到多种因素的影响。为了及时发现并解决潜在的问题，运维管理计划必须构建起全面的监控体系，实时采集平台的各项性能数据，并设置合理的预警阈值。一旦发现异常情况，监控系统就会自动触发预警，及时通知运维人员进行处置。这种主动式的运维模式可以大大提高问题的发现和解决效率，最大限度地减少平台的宕机时间。

4. 运维管理计划还要重视运维工作的流程化和标准化

运维工作涉及诸多复杂的技术操作，容易出现差错和遗漏。为了降低人为因素的影响，提高运维效率和质量，运维管理计划应该建立起一套规范化的操作流程和技术标准。通过梳理运维工作的各个环节，总结最佳实践，形成可复制、可推广的运维模板，使运维工作变得更加规范、高效。

（二）加强监控和预警

在外语教学数字化平台运维管理中，加强平台运行状态的监控和预警至关重要。它是保障平台稳定运行、及时发现和处理问题的关键环节。通过实时监测平台的各项性能指标，如访问流量、响应时间、错误率等，运维人员能够全面掌握平台的运行状况，第一时间发现潜在的故障隐患。一旦监控系统捕捉到异常数据或超出阈值的指标，就会自动触发预警机制，通过短信、邮件等方式通知相关人员，促使其采取应对措施。

1. 明确监控的对象和指标

不同的平台组件和服务可能有不同的监控重点。例如，对于数据库系统，需要重点关注数据的完整性、一致性和查询性能；对于 Web 服务器，需要重点关注并发访问量、请求处理时间等。运维团队要全面梳理平台的架构和功能，识别关键节点，设定合理的监控指标和阈值。

2. 选择合适的监控工具和技术

市面上有众多优秀的开源和商业监控系统，如 Zabbix、Nagios、Prometheus 等。这些工具能够自动采集各种性能数据，提供实时的可视化监控界面，支持灵活的告警配置。运维团队需要根据平台的实际情况，评估不同工具的特点和适用性，选择最符合需求的解决方案。

3. 制定完善的预警处理流程和应急预案

监控系统发出警示只是第一步，更重要的是要快速、准确地定位问题，并及时采取有效的处置措施。这就需要运维团队建立标准化的故障处理流程，明确各个岗位的职责和协作方式。同时，还要针对常见的故障场景，如系统宕机、数据丢失等，预先制定应急预案，确保在故障发生时能够有条不紊地开展恢复工作。定期的故障演练和预案更新也是不可或缺的环节。

4. 重视数据的分析和挖掘

海量的监控数据不仅能够反映平台的即时状态，也蕴含着长期的运行规律和趋势特征。运维团队要充分利用大数据分析技术，对监控数据进行多维度、多指标的综合分析，挖掘其中的价值信息。通过对历史数据的回溯分析，可以发现一些难以察觉的隐患因素；通过对实时数据的关联分析，可以预测可能出现的风险场景。数据驱动的智能运维将成为数字化平台运维管理的发展方向。

（三）开展评估和优化

为了保障外语教学数字化平台的稳定运行和持续发展，定期评估运维管理效果和不断优化管理策略至关重要。平台的运维管理不是一蹴而就的，而是一个动态迭代、持续改进的过程。只有通过系统化的评估，才能及时发现运维管理中存在的问题和不足，并针对性地制订优化方案，不断提升平台的运行质量和服务水平。

运维管理效果评估应该建立在科学、全面的指标体系之上，这一指标体系应涵盖平台运行的各个方面，如系统可用性、响应时间、数据安全性、用户满意度等。通过收集和分析这些关键指标的数据，运维团队可以客观地评判平台运行的整体状况，识别出潜在的风险和瓶颈。同时，评估还应该注重过程管理的规范性和有效性，检视各项运维工作是否严格遵循既定流程，是否达到预期目标。只有将结果评估和过程评估相结合，才能全景式地呈现运维管理的现状和问题。

评估结果是优化运维管理策略的重要依据。基于评估中发现的问题，运维团队需要及时制定和实施针对性的改进措施。这些措施可能涉及技术升级、流程再造、人员培训等多个层面。比如，如果评估发现平台的响应速度较慢，运维团队可以通过优化数据库查询、添加缓存机制等技术手段来提升系统性能；如果评估显示运维人员对某些新技术掌握不足，就需要组织有针对性地进行技能培训，提升团队的整体水平。在制定优化策略时，运维团队要充分听取一线人员的意见，充分利用先进的运维理念和工具，确保优化措施能够切中要害，真正发挥作用。

运维管理的优化是一个循序渐进、持续迭代的过程，优化措施的实施效果同样需要通过后续的评估来验证。只有建立起"评估—改进—再评估—再改进"的闭环机制，才能推动外语教学数字化平台运维管理水平的不断提升。这种持续改进的理念需要深入运维团队的日常工作中，成为一种自觉的追求。每一位运维人员都应主动参与到评估和优化工作中来，提出自己的真知灼见，为平台的可持续发展贡献力量。

四、外语教学数字化平台运维管理团队建设

（一）配备专业人才

配备专业的运维管理人才是保障外语教学数字化平台高效运转的关键。随着教育信息化的深入推进，外语教学数字化平台已成为教学活动的重要载体。平台的稳定性、安全性和可用性直接关系到教学质量和用户体验。因此，组建一支专业、高效的运维管理团队，引进和培养优秀的运维管理人才，已成为平台建设和发展的迫切需求。

运维管理人才需要具备扎实的计算机专业知识和丰富的实践经验，他们不仅要精通各种操作系统、数据库、网络安全等技术，还要深入理解平台的业务逻辑和用户需求。在日常工作中，运维管理人员需要进行系统监控、故障排查、性能优化、安全防护等一系列任务，确保平台的连续性和可用性。同时，面对各种突发状况，如硬件故障、网络攻击、流量暴增等，他们还需要及时响应、妥善处置，将影响降到最低。这些都对运维管理人才的技术水平和应变能力提

出了较高要求。

除了专业技能，优秀的运维管理人才还应具有良好的沟通协调能力和服务意识。在实际工作中，运维管理人员需要与开发、测试、产品等多个部门紧密合作，及时了解业务需求，协调资源分配，推动问题解决。同时，他们还是平台与用户之间的桥梁，需要耐心解答用户咨询，认真对待用户反馈，不断优化用户体验。这就要求运维管理人才具有团队协作精神，善于换位思考，以用户为中心开展工作。

针对外语教学数字化平台的特点，运维管理人才还需要具备一定的教育学、心理学知识，深入理解外语教学规律和学习者的特点。只有这样，他们才能从教育教学的角度优化平台功能，为师生提供个性化、智能化的服务。此外，运维管理人才还应紧跟教育信息化发展趋势，了解人工智能、大数据、区块链等新兴技术，探索智慧校园、智慧教学的创新应用。唯有不断学习，与时俱进，才能引领平台向智能化、精准化的方向发展。

（二）加强培训和考核

高效的运维管理团队培训和科学的绩效考核机制是保障外语教学数字化平台稳定运行的关键。面对日益复杂的教学需求和技术环境，运维管理人员不仅需要精湛的技术能力，更需要全面的管理素养和创新意识。因此，定期开展各类培训，提升运维人员的专业水平和综合素质，已成为平台可持续发展的内在要求。

从技术层面来看，运维管理培训应聚焦于前沿技术理论和实践应用，使运维人员及时掌握人工智能、大数据、云计算等领域的最新进展，并将其应用于平台运维实践中。同时，培训还应加强运维人员在网络安全、数据保护方面的意识和技能，提高其应对网络攻击、数据泄露等突发事件的能力。通过系统化、针对性的技术培训，运维人员能够不断地拓宽知识视野，提升业务水平，为平台的稳定运行提供有力支撑。

从管理层面来看，运维管理培训应着眼于管理理念、方法和工具的更新迭代。传统的运维管理模式往往以被动响应为主，缺乏前瞻性和系统性。而在数字化时代，运维管理需要从被动走向主动，从经验驱动走向数据驱动。因此，培训应引导运维人员树立全局意识和风险意识，掌握流程管理、项目管理、变更管理等现代化管理方法，提高运维工作的规范性和有序性。同时，培训还应重视沟通协调能力、团队合作意识等软技能的塑造，使运维人员能够高效协同，形成合力。

在培训方式上，外语教学数字化平台应根据实际需求，灵活采用多种形式。理论讲座可以帮助运维人员系统掌握专业知识和管理理念；案例分析可以提高其分析问题、解决问题的实践能力；情境模拟则有助于锻炼其在复杂环境下的应变能力和心理素质。同时，平台还可以通过跨部门轮岗、外派学习等方式，拓宽运维人员的视野，促进知识共享和经验交流。

第四章　外语教学资源的数字化转型实践

第一节　外语数字化教学资源的内涵

一、外语数字化教学资源的类型

（一）文本型资源

在外语教学领域，文本型资源以其丰富的内容、多样的形式，成为教学中不可或缺的基础性资源。电子教材、课程讲义、阅读材料等文本资源，为教师和学生搭建起了广阔的知识平台，提供了丰富的语言学习素材。

1. 电子教材

电子教材作为传统纸质教材的数字化呈现，既保留了教材的系统性和权威性，又融入了数字技术的交互性和灵活性。通过超链接、多媒体等功能，电子教材突破了纸质版的局限，使知识呈现更加立体、生动。学生可以根据自己的学习进度，随时随地访问教材内容，实现个性化、自主化学习。

2. 课程讲义

课程讲义是教师根据教学目标和学情特点，对教材内容进行二次加工而成的教学文本。与电子教材相比，讲义更加灵活多变，体现了教师的教学思路和风格。通过课程讲义，教师可以补充教材的不足，突出教学重点，设计个性化的教学活动，从而提高课堂教学的针对性和实效性。

3. 阅读材料

阅读材料是外语教学中不可或缺的语言输入资源。文学作品、报纸杂志、科普读物等题材多样的阅读材料，为学生提供了真实、丰富的语言环境，帮助其养成良好的阅读习惯，提升语言理解和运用能力。通过精心筛选、分级呈现，教师可以为不同水平的学生提供适合其语言能力和认知水平的阅读材料，实现因材施教的目标。

（二）音频型资源

音频型资源在外语教学中发挥着独特而重要的作用。相比文本型资源，音频材料能够更直观、更真实地呈现目标语言的发音、语调、节奏等语音要素，帮助学生建立准确的语音概念，提高其听力理解能力。录音材料通常选取纯正的语音，有助于学生掌握标准、地道的发音，克服母语负迁移的影响。此外，录音还能再现语言的使用情境，使学生置身于真实的语境之中，感知语言的实际运用，提高语用能力。

除了传统的录音材料，有声读物也是一种极具价值的音频型资源。有声读物将文字内容转化为声音，使学生在听的过程中接收语言输入，同时又不失阅读的乐趣。与文本阅读相比，有声读物增加了声音这一维度，能够调动学生的多种感官，提高学习兴趣。学生在听的过程中，不仅能够领略语言的音韵之美，还能体会说话人的情感态度，加深对内容的理解。优秀的有声读物朗读者通常是语言的使用好手，其声音富有表现力和感染力，堪称学习的范例。聆听这样的“范读”能够潜移默化地提升学生的语感，使其在不知不觉中内化语言规律。

从认知心理学的角度来看，音频型资源对听力技能的发展至关重要。听力能力的提高依赖大量优质语言输入，而音频材料恰恰能够为学生提供丰富、真实的语言样本。通过反复聆听，学生逐步习得语音、词汇、语法等语言要素，建构起内在的语言系统。同时，音频材料还能促进学生语音、语义、语法的协同发展，使其在听的过程中自然习得语言。认知心理学研究表明，语音识别是听力理解的基础，词汇量的大小决定了理解的广度和深度。而音频材料能够促进学生语音识别能力的发展，帮助其积累词汇，为听力水平的提升奠定基础。

要充分发挥音频型资源的优势，教师需要精心设计教学活动，引导学生积极主动地与音频材料互动。例如，教师可以设计预听、听中和听后三个环节的任务，帮助学生构建听前图式，引导其用多种策略进行听力理解，鼓励其评价和思考音频内容。在听力活动中，教师还应关注学生的情感体验，营造轻松愉悦的学习氛围，激发学生的学习动机。只有调动学生的主体性，发挥学生的创造力，音频型资源的作用才能得以最大限度地发挥。

（三）视频型资源

视频型资源作为外语数字化教学资源的重要组成部分，在外语教学中发挥着独特而关键的作用。它以生动直观、形象丰富的方式呈现教学内容，打破了传统教学模式的时空限制，为学生创设了沉浸式的语言学习环境。教学视频、微课、慕课等多样化的视频资源形式，满足了不同的学习需求，激发了学生的学习兴趣，拓展了外语教学的广度和深度。

从认知心理学的角度来看，视频型资源能够充分调动学生的视觉和听觉，通过多通道编码加深学生对语言知识的理解和记忆。生动形象的画面、原汁原味的语音语调、丰富多彩的情景再现，共同构建起身临其境的语言环境，帮助学生直观感知语言的运用规律。这种多维度、立体化的信息输入方式，比单一的语言文字更容易被大脑接纳和内化，从而提高学习效率。

微课和慕课等新兴的视频教学资源，更是引领了外语教学的变革潮流。它们将语言知识点拆解成精练而完整的微视频单元，配以相应的练习和测试，形成了自主学习的闭环。学生可以根据自身水平和进度，灵活安排学习时间和内容，实现了因材施教、个性化教学的目的。同时，微课和慕课还为教师提供了翻转课堂的可能。学生通过课前自主学习掌握基础知识，课堂上则聚焦于问题讨论和实践运用，发挥教师的引导和学生的主体作用，提升了课堂教学的针对性和实效性。

视频型资源在跨文化交际能力培养方面也具有独特优势。外语学习的最终目的是实现有效沟通，而文化差异往往是构成交际障碍的重要因素。影视作品、纪录片等真实语料蕴含着丰富的文化信息，如风俗习惯、价值观念、思维方式等。学生在观看视频的过程中，不仅学习语言知识，更能体验异域文化，培养多元文化意识和国际视野。一些专题性的文化视频课程，更是为学生搭建起探索世界文明的桥梁，帮助其成为具有家国情怀和全球视野的公民。

需要指出的是，视频型资源虽然具有诸多优势，但其教学应用也面临一些挑战。一方面，视频资源的选择和设计需要遵循科学的教学原则，如符合教学目标、贴合学情、循序渐进等；另一方面，视频教学不能完全替代课堂面授，二者应该优势互补、相得益彰。教师要根据教学实际，合理配置视频资源，创设线上线下混合式教学模式，引导学生积极主动地开展视频学习，并适时给予点拨和反馈，更好地发挥教师的主导作用和学生的主体地位。

二、外语数字化教学资源的特点

（一）多样性

外语数字化教学资源的多样性体现在多个方面。从资源的形式来看，数字化技术的发展使得教学资源呈现出文本、音频、视频、动画等多种媒体形态，可以满足学生多感官、多维度的学习需求。以往单一的纸质教材已经无法适应信息时代学生的认知特点，多样化的数字资源则能够激发学生的学习兴趣，营造身临其境的学习体验，提高学习效率。

从资源的内容来看，外语数字化教学资源涵盖了语言学习的方方面面。词汇、语法、听说读写等语言要素的学习资源一应俱全，文化背景知识、跨文化交际策略等拓展资源也日臻丰富。学生可以根据自身的学习需求和兴趣爱好，选择适合自己的资源进行个性化学习。这种多样性不仅能够满足学生的多元化需求，也有利于培养学生自主学习的能力。

从资源的来源来看，外语数字化教学资源不再局限于教师和教材的提供。在互联网时代，学生可以通过在线课程平台、外语学习网站、社交媒体等渠道获取海量的学习资源。这些资源来自世界各地的外语教育工作者、语言学习者，甚至是母语使用者，具有鲜明的时代特色和文化内涵。多样的资料来源不仅能够拓宽学生的视野，也有助于培养其文化意识和国际理解力。

从资源的应用来看，多样化的外语数字化教学资源为教师创设真实、丰富的语言学习环境提供了可能。教师可以根据教学目标和学生特点，灵活选用不同类型的数字资源，设计出听、说、读、写、译等各项语言技能训练的活动，组织开展探究式、项目式、合作式等多种学习模式。生动有趣的数字资源还能够调动学生的学习积极性，营造愉悦的课堂氛围，提升教学质量。

（二）交互性

交互性是外语数字化教学资源的一个重要特点，它突破了传统教学资源的局限，为学生提供了更加主动、积极的学习体验。在交互性教学资源的支持下，学生不再是被动的知识接受者，而是可以通过与资源的互动来构建自己的知识体系，实现真正意义上的主动学习。

1. 交互性教学资源的形式多种多样

交互性教学资源的形式多种多样，包括但不限于在线练习、虚拟仿真、游戏化学习等。这些资源利用先进的信息技术，为学生营造了身临其境的学习情境，激发了他们的学习兴趣和探究欲望。例如，在一个虚拟的英语城市中，学生可以扮演不同的角色，与虚拟人物进行对话，完成各种任务。在这个过程中，他们不仅能够应用所学的语言知识，还能培养语言交际能力和问题解决能力。

这种沉浸式的学习体验远远超过了传统的课本学习，使学生能够更加深入、全面地理解和运用外语知识。

2. 交互性教学资源具有及时反馈的优势

在传统教学中，学生常常需要等待教师批改作业才能获得反馈，这种延迟往往会影响学习效果。而交互性资源可以根据学生的表现实时生成反馈信息，帮助他们及时发现并纠正错误。这种即时反馈机制不仅能够巩固学生的学习成果，还能增强他们的学习信心和动力。当学生在与资源互动的过程中获得积极的反馈时，他们就会更加努力地投入学习，形成良性循环。

3. 交互性教学资源能促进个性化学习

每个学生的语言基础、学习风格都有所不同，传统的“一刀切”式教学很难兼顾到每一个个体。而交互性资源可以根据学生的特点和需求，提供个性化的学习支持。例如，该资源可以根据学生的语言水平自动调整难度，为他们提供适合的学习内容；也可以根据学生的兴趣爱好推送相关的学习材料，提高学习的针对性。这种个性化的学习支持能够满足不同学生的学习需求，帮助他们找到最适合自己的学习方式，从而达到事半功倍的学习效果。

（三）智能性

智能技术在外语数字化教学资源中的应用，为学生提供个性化学习支持，开启了教育变革的新时代。人工智能、大数据分析、自适应学习等先进技术的引入，使得外语教学资源能够根据学生的学情特点，精准推送符合其认知水平和学习需求的内容，实现因材施教、个性化教学的理想追求。

智能化的数字教学资源能够通过对学生学习行为的跟踪分析，动态调整教学策略和内容呈现方式，营造出最适合每个学生的学习环境。例如，针对语法薄弱的学生，系统可以增加句型练习和知识点复习；针对口语表达欠佳的学生，系统可以提供更多情境对话和角色扮演的机会。这种量身定制的学习体验，不仅能够弥补学生在某些语言技能上的不足，更能激发其学习兴趣，提高学习效率。

智能技术为外语学习注入了交互性和趣味性，借助自然语言处理、语音识别等技术，学生可以与 AI 助手进行口语对话、写作批改等实时互动，获得及时反馈和个性化指导。虚拟现实、游戏化学习等沉浸式体验，则让枯燥的语言训练变得生动有趣。学生在与数字化资源的互动中，能够获得宝贵的学以致用的机会，将语言知识内化为实际运用能力。

智能技术为外语教学提供了海量的优质资源。得益于大数据分析，优秀的教学案例、原版材料、在线课程等可以被快速筛选和推荐，使学生接触到最前沿、最地道的语言学习内容。学生还可以根据自己的兴趣爱好，在浩瀚的资源海洋中探索未知，拓宽视野，培养自主学习和终身学习的能力。

三、外语数字化教学资源的开发

（一）开发原则

外语数字化教学资源的开发必须遵循科学合理的原则，围绕教学目标，遵循认知规律，重视交互设计，方能真正发挥其在教学中的作用。教学目标是资源开发的灵魂和方向，没有明确、具体的教学目标，再精美的资源也难以实现预期的教学效果。开发者需要深入分析教学内容，明确学生应达成的知识、技能、情感态度等目标，并以此为依据设计资源的内容和形式。同时，资源开发还必须遵循学生认知发展的规律。外语学习是一个循序渐进的过程，学生在不同阶段有不同的认知特点和学习需求。优秀的数字化资源应该契合学生的认知水平，提供适度的挑战，引导学生在原有知识基础上不断构建新的认知架构。此外，数字化资源最显著的优势在于其交互性。单向传授知识的时代已经过去，现代教育强调学生的主体地位和参与度。数字化资源应充分利用技术优势，设计丰富多样的交互形式，调动学生的多种感官，激发其主动思考和探索的热情。

以英语阅读教学为例，在设计数字化阅读资源时，开发者首先需要根据学生的语言水平和认知能力，选取难度适中、内容生动有趣的阅读材料。其次，资源内容应围绕阅读教学的核心目标展开，如词汇学习、语法分析、篇章理解、文化背景知识等，做到重点突出、梯度合理。最后，资源形式应尽量丰富多样，采用文本、音频、视频、动画等多种媒体形式，提供沉浸式的阅读体验。最关键的是，资源应设置开放性的问题和任务，鼓励学生自主思考、合作探究，如小组讨论、角色扮演、创意写作等，引导其在实践中深化对阅读内容的理解和知识的内化。

再如，在开发英语口语教学资源时，教学目标应聚焦于培养学生的语言交际能力。资源内容可围绕日常生活、社交礼仪、职场情景等话题展开，选取真实、典型的语料，帮助学生掌握地道的表达方式。在呈现形式上，可以运用虚拟现实、人工智能等技术手段，创设逼真的交际情境，让学生在仿真环境中进行语言实践。同时，资源还应提供智能语音识别和即时反馈功能，帮助学生发现并纠正语音、语调等方面的错误，强化其语言输出能力。

（二）开发流程

外语数字化教学资源的开发是一个系统而复杂的过程，需要遵循科学的原则和严谨的流程。通常，资源开发流程包括需求分析、设计、编码实现、测试评价、发布应用等关键环节。每一个环节都有其特定的任务和要求，需要开发团队协同合作、各司其职，才能保证教学资源的质量和效果。

在需求分析阶段，开发团队需要深入了解教学目标、学情特点、技术条件等因素，明确资源的功能定位和应用场景。这是资源开发的基础和前提，决定了后续设计和实现的方向。通过广泛调研和深入分析，开发团队可以获得第一手的需求信息，为资源的针对性和实用性奠定基础。

进入设计阶段后，开发团队要根据需求分析的结果，确定资源的内容架构、呈现方式、交互设计等关键要素。设计是资源开发的核心环节，需要教学、技术、美工等多方面人员的通力合作。设计方案要符合教学规律和认知原理，充分考虑学生的接受能力和使用习惯，同时也要体现信息技术的优势和特点，力求形式新颖、内容丰富、体验良好。

在编码实现阶段，开发团队需要选择合适的技术手段和开发工具，将设计方案转化为可执行的程序代码。编码质量直接影响资源的稳定性、兼容性和运行效率，需要开发人员具备扎实的编程功底和严谨的工作态度。同时，在开发过程中还要注重模块化、标准化，提高代码的可读性、可维护性和可扩展性。

资源开发完成后，需要经过严格的测试和评价，以验证其功能、性能、易用性等方面是否达到预期标准。测试过程中要全面考虑各种可能的使用情形，通过多轮迭代不断优化和完善，确保资源的稳定和可靠。评价环节则要引入教师、学生等多元主体，综合考查资源的教学效果、使用体验等关键指标，为后续应用和推广提供决策依据。

发布应用是资源开发的最后一个环节，但并非终点。在资源投入使用后，还需要持续跟踪用户的反馈和数据表现，不断进行更新迭代和优化升级。只有经过长期的实践检验和不断完善，数字化教学资源才能真正发挥其应有的效益，助力教师的教和学生的学。

（三）开发团队

外语数字化教学资源开发团队的组建需要教师、教学设计师、程序员等多方通力合作，发挥各自专长。教师作为教学内容的专家，深谙外语教学规律和学生学情，能够提供丰富、合理的教学素材，把握资源设计的总体方向。教学设计师则善于将教学理念转化为具体的教学活动和学习任务，擅长整合多媒体元素，创设生动、逼真的学习情境。而程序员则技术娴熟，能够运用编程语言将教学设计思路转化为线上学习系统和软件应用。

团队成员各司其职、优势互补，形成了一个有机协作的整体。教师提供源源不断的“原料”，教学设计师将其“加工”成可视化的教学方案，程序员则赋予方案以生命，将其“装配”成可操作的数字化教学资源。在这一过程中，三方需要密切配合、反复磨合，及时沟通需求和问题，不断调试和优化成果，力求实现“1＋1＋1＞3”的团队效应。

为了保证开发成果的针对性和实效性，开发团队还应该积极收集一线教师和学生的反馈意见，定期开展试用测评。教师可以从教学实践的角度提出改进建议，学生则能够就资源的趣味性、交互性等提供真实感受。这些反馈意见是修订完善资源的重要依据，有助于提升资源的用户体验和教学效果。

四、外语数字化教学资源的价值

（一）支持个性化学习

支持个性化学习是外语数字化教学资源的重要价值所在。在信息技术飞速发展的时代，个性化学习已经成为教育领域的重要发展方向。传统的“一刀切”式教学模式已经难以满足学生多样化的学习需求，而数字化教学资源则为实现个性化学习提供了可能。

优质的外语数字化教学资源能够精准分析每个学生的学习特点，智能推送符合其认知水平、学习风格的学习内容。以词汇学习为例，数字化教学系统可以通过大数据分析，掌握每个学生的词汇量、熟练程度，从而有针对性地推送生词学习任务。学有余力的学生可以获得更多的拓展内容，而基础薄弱的学生则能获得更多巩固练习的机会。这种因材施教的方式能够最大限度地调动学生的学习积极性，提高学习效率。

外语数字化教学资源能为学生提供个性化的学习反馈，借助数字化教学系统，学生的每一次学习行为都能被记录和分析。系统可以实时监测学生的学习进度，发现学习障碍，并给出针对性的学习建议。这种及时、精准的反馈能够帮助学生及时调整学习策略，克服学习难点，增强学习信心。

外语数字化教学资源的个性化学习支持还体现在学习方式的灵活性上，学生可以根据自己的时间安排，自主选择学习时间和地点。碎片化的学习模式能够充分利用学生的零散时间，提高学习效率。同时，多样化的学习形式如游戏化学习、情境化学习等，能够激发学生的学习兴趣，营造轻松愉悦的学习氛围。学生在轻松自在的状态下更容易集中注意力，取得良好的学习效果。

（二）拓展学习时空

外语数字化教学资源打破了传统课堂教学的时空限制，为学生提供了更加灵活、个性化的学习方式。在信息化时代背景下，学生不再局限于课堂上教师的讲授，而是可以利用网络平台随时随地获取丰富的学习资源。这些资源不仅包括电子教材、音视频素材等基础内容，还涵盖了慕课、微课等新型教学形式。借助移动终端设备，学生能够根据自身需求，自主安排学习进度和内容，真正实现“随时、随地、随需”的泛在学习。

数字化教学资源的碎片化特征尤其契合了当代学生的认知和行为习惯。在快节奏的生活中，学生往往难以集中大块时间进行系统学习，而碎片化学习恰好弥补了这一不足。通过对教学内容进行合理切分和组织，数字化资源可以将知识点化整为零，让学生在碎片时间里高效吸收。同时，这种小单元学习也有助于保持学生的注意力，降低学习疲劳感。学生可以利用课余时间，如乘坐交通工具、排队等待等，随时掏出手机，完成一个个学习任务。久而久之，碎片时间的累积将带来可观的学习效果。

基于大数据技术的智能推送功能则进一步提升了数字化学习的针对性和实效性。系统可以分析学生的学习行为和偏好，自动推送符合其特点和需求的个性化资源。比如，对于语法薄弱的学生，系统会重点推送语法练习和讲解；而对于听力较强的学生，系统则会提供更多的听力材料。这种精准推送不仅能够满足学生的个性化需求，还能帮助其及时查漏补缺、扬长避短，从而达到因材施教的目的。与此同时，海量的学习数据积累也为教师提供了全面诊断学情的依据，使其能够更加科学地指导学生学习。

外语数字化学习并不只是简单的自学，它更加注重学习过程中的互动和协作。借助在线社区和学习平台，学生可以与教师、同伴进行跨时空的交流与讨论，分享学习心得，解决疑难问题。这种网络互动打破了课堂交流的局限，延伸了师生、生生之间的对话空间。学生在多元互动中能够获得更多的反馈和支持，有利于维持学习动机，培养合作精神。一些智能学习系统还能根据学生的表现，自动匹配合适的学习伙伴，营造良性的竞争氛围，激发彼此的进步动力。

数字化教学资源在拓展学习时空的同时，也对学生的自主学习能力和自律意识提出了更高要求。脱离了教师的直接管控，学生需要自己合理规划时间，主动探索资源，这对于培养其自主学习意识和习惯至关重要。为此，教师应加强学习策略的指导，帮助学生树立明确的学习目标，掌握科学的学习方法。同时，教师还要充分利用平台数据，及时跟踪学生的学习进程，给予必要的督促和鼓励。只有在教师引导和学生自觉的双重作用下，数字化学习才能真正发挥出优势，助力学生的可持续发展。

第二节　外语数字化教学资源的管理与维护

一、外语数字化教学资源管理与维护的重要性

（一）提高资源利用率

提高外语数字化教学资源的有效利用率，对于推动外语教学的数字化转型、实现教学资源的优化配置具有重要意义。在信息技术迅猛发展的背景下，外语教学资源的数字化已经成为大势所趋。海量的外语学习网站、移动应用不断涌现，为学习者提供了丰富多样的学习素材和渠道。然而，资源的丰富并不意味着利用的有效。事实上，许多外语教师和学生在面对纷繁复杂的数字化资源时常感到无所适从，难以从中甄选出真正优质、适用的内容。这就导致了大量资源闲置浪费的现象，既影响了教学效果，也造成了不必要的人力物力损耗。

1. 科学的管理是提高外语数字化教学资源利用率的关键所在

外语数字化教学资源的科学管理要求教师根据教学目标和学情，有针对性地筛选、整合各类数字化资源，构建起系统完整的资源库。在此基础上，教师

还应制定明确的资源使用规划，引导学生合理利用网络平台、移动应用等开展自主学习，并加强过程监控和效果评估。与此同时，学校应建立健全资源管理制度，明确资源的采集、审核、更新等流程，确保资源质量和时效性。通过这些措施，才能避免资源的重复建设和闲置浪费，实现资源的高效配置和循环利用。

2. 加强校际合作和资源共享是提高资源利用率的有效途径

不同院校在外语数字化教学资源的建设上各有侧重，如果能够打破壁垒，实现优势互补，必将产生“1＋1＞2”的效果。例如，高校可以联合建设外语资源共享平台，实现优质资源的互通有无。中小学也可以与高校开展协同，引进适合本校实际的数字化教学资源。通过这种跨校、跨区域的资源共建共享，不仅能够扩大资源的覆盖面，提高利用率，也有利于缓解教育资源分配不均的问题，促进教育公平。

（二）促进资源持续更新

外语数字化教学资源的持续更新是教学资源管理的重要内容之一。在信息技术飞速发展的当下，教学资源的更新换代的速度也在不断加快。过时、陈旧的教学资源不仅难以满足教师教学和学生学习的需求，更会影响教学质量和学习效果。因此，及时发现并更新过时教学资源，保持教学内容的先进性和时代性，已成为外语教学资源管理中不可忽视的任务。

具体而言，外语数字化教学资源的持续更新需要遵循以下原则：第一，坚持需求导向。教学资源的更新应立足教学实际，根据教师和学生的实际需求进行。通过问卷调查、访谈等方式，深入了解一线教学的资源需求，有针对性地进行资源更新，提高资源的适用性和实效性。第二，注重前沿引领。外语教学资源的更新应紧跟学科前沿和教育教学改革的最新动向，引入先进教学理念和方法，革新教学内容和手段，为外语教学注入新的活力。这就要求管理者密切关注外语教学领域的最新研究成果，并将其及时转化为教学资源。第三，突出实践导向。外语学习重在实践应用，教学资源的更新应着眼于提升学生的语言运用能力。可以通过增加实践训练项目、创设真实语境等方式，加强资源的实践性和交互性，帮助学生在实践中学会运用语言。第四，坚持优胜劣汰。教学资源的更新应坚持适者生存的原则，定期评估现有资源的使用情况和教学效果，淘汰质量低下、使用率低的资源，优化资源结构，提高资源利用率。

为保障外语数字化教学资源持续更新的有效实施，教学资源管理者还应建立健全相应的工作机制。一方面，要建立资源更新的评估机制，制定科学的评估指标，定期评估资源的实际应用效果，及时发现需要更新的资源；另一方面，要建立资源更新的激励机制，调动教师参与资源更新的积极性，鼓励教师根据教学需要和学科发展主动开发新资源。此外，还要加强资源更新的人才培养和队伍建设，提升管理人员的业务能力和信息化素养，建设一支高素质的资源管理队伍。

（三）保障资源安全

在数字化时代，外语教学资源的安全问题日益凸显，这不仅关系到教学资源的有效利用，更关乎教学活动的正常开展。规范的管理流程和制度是保障外语数字化教学资源安全的关键所在。

1. 完善的用户权限管理

通过对不同用户角色进行科学分类，并赋予相应的访问权限，可以最大限度地减少资源被非法获取和滥用的可能性。例如，可以为教师、学生等不同群体设置差异化的权限等级，教师拥有对教学资源的全部控制权，而学生则只能在规定范围内浏览和使用资源。同时，还应建立健全的身份认证机制，确保只有通过身份验证的用户才能访问相应资源。

2. 加强资源版权保护意识，建立严格的知识产权管理制度

一方面，要加强师生的版权意识教育，提高其对知识产权的重视程度。通过开展专题讲座、案例分析等多种形式，帮助师生了解和掌握有关知识产权的法律法规，自觉抵制和远离侵权行为。另一方面，要完善资源的知识产权标注，明确资源的归属权和使用权限，并采取数字水印、加密等技术手段，防止资源被非法复制和传播。

3. 建立健全的资源审核和监管机制

对于拟上传的教学资源，要建立严格的审核流程，从内容、形式、版权等多个维度进行把关，确保资源的合规性和安全性。同时，要加强对已上线资源的动态监测，及时发现和处理可能存在的安全隐患，如资源失效、链接错误、内容不当等问题。一旦发现问题，要迅速采取下线、更正等措施进行处理，将

安全风险降到最低。

二、外语数字化教学资源的管理原则

（一）采用统一元数据标准

延长外语数字化教学资源的生命周期是提高资源利用率、保障教学质量的关键举措。随着信息技术的飞速发展，外语教学已经进入数字化时代。海量的数字化教学资源极大地丰富了教学内容，拓宽了学生的学习渠道。然而，如果这些资源得不到有效维护和持续更新，其生命周期将大大缩短，甚至可能沦为“一次性”资源，造成极大浪费。

1. 定期检查和维护

通过定期排查，及时发现资源中存在的错误、损坏或失效的链接等问题，并及时予以修复或更新，可以最大限度地降低资源损坏的概率。同时，定期维护还包括对资源的内容进行更新和完善，使其能够适应教学内容和教学方法的变化，满足师生日益增长的教学需求。唯有如此，才能确保数字化教学资源的持续有效性，发挥其应有的教学价值。

2. 建立健全的资源管理制度

科学完善的管理制度应明确资源的建设标准、评估机制、淘汰机制等，形成资源的良性更新迭代。例如，对于新建资源，应制定严格的质量标准，确保其专业性、先进性和实用性；对于存量资源，应定期开展评估，对于陈旧过时或质量不达标的资源，应及时进行更新或淘汰；对于使用频率高、教学效果好的优质资源，应加大维护力度，延长其生命周期。通过制度化、规范化的管理，可以从根本上促进数字化教学资源的可持续发展。

3. 引入先进技术手段，提高资源检查维护的效率和精准度

随着人工智能、大数据等新兴技术的发展，我们完全可以利用这些技术优势，开发智能化的资源管理系统。该系统可以自动对资源进行定期扫描和分析，快速发现潜在问题；同时，还可以基于海量数据，对资源的使用情况进行跟踪分析，准确把握师生需求，为资源的优化完善提供决策支持。先进技术与资源

管理的深度融合，将极大提升管理的科学性和有效性，为延长资源的生命周期提供有力支撑。

（二）明确知识产权归属

提高外语数字化教学资源的可访问性是实现资源高效利用、服务教学需求的关键。当前，随着信息技术的快速发展，外语教学资源呈现出多样化、海量化的特点。然而，如何确保师生能够随时、便捷地访问和使用这些资源，仍然面临诸多挑战。资源访问障碍不仅会影响教学效率，更会削弱学生的学习体验和兴趣。因此，提升资源可访问性已成为外语数字化教学亟须破解的难题。

1. 构建稳健的资源管理平台

资源管理平台应具备完善的用户认证和授权机制，根据不同用户的身份和需求提供差异化的资源访问权限。同时，平台还应支持多种终端设备的接入，确保师生能够通过电脑、平板、手机等设备便捷访问资源。此外，平台应提供智能化的资源检索和推荐功能，帮助用户快速、精准地定位所需资源，降低资源查找的时间成本。

2. 建立健全的资源维护机制，及时修复故障，消除资源访问障碍

外语数字化教学资源通常以文本、音视频、动画等多媒体形式呈现，对存储、传输、播放的稳定性提出了较高要求。一旦出现资源损坏、链接失效等问题，就会直接影响师生的使用体验。因此，教育机构应配备专业的技术团队，通过定期巡检、数据备份等措施，最大限度地降低资源故障发生的概率。一旦发现故障，要第一时间展开修复，确保资源的持续可用性。

3. 加强资源的标准化建设，提高跨平台使用的兼容性

当前，外语数字化教学资料来源广泛，格式、规格差异较大，这不仅增加了资源管理的难度，也影响了资源的互操作性。为了破解这一难题，教育机构应积极参与教育资源标准的制定，在资源设计、开发阶段严格遵循相关标准和规范。同时，还应研发跨平台使用的资源转换工具，实现不同格式资源的无缝对接和共享，最大限度地降低资源的使用门槛。

4. 注重培养师生的信息素养，提高其获取和利用数字化资源的能力

在信息时代，获取知识的途径日益多元，师生需要掌握必要的信息技能，才能从海量资源中甄别、筛选出优质的教学内容。因此，学校应将信息素养教育纳入教学体系，帮助师生掌握资源检索、评估、利用等方面的策略和技巧。同时，还应营造开放、自主的学习环境，鼓励师生创新资源使用方式，提高资源利用效率。

（三）规范命名与分类

在外语教学数字化转型的进程中，保证教学资源的互操作性至关重要。互操作性是指不同系统、平台之间进行有效信息交换和共享的能力。外语数字化教学资源只有做到跨平台、跨系统的兼容互通，才能最大程度地发挥其价值，服务于教与学。

外语数字化教学资源的互操作性主要体现在两个层面：技术互操作性和语义互操作性。技术互操作性是指不同硬件设备、操作系统、应用软件之间的兼容性。它要求教学资源能够在不同的 IT 环境中顺利运行，不受设备和系统的限制。比如，同一份外语学习课件，无论是在台式机、笔记本，还是在智能手机、平板电脑上，都能够正常打开和使用。这就需要在教学资源设计和开发阶段，遵循通用的技术标准和规范，采用开放的数据格式和接口，避免使用专有的、封闭的解决方案。

语义互操作性则是更高层次的要求，它强调不同来源的数字化教学资源能够在概念层面实现关联和融通。外语教学涉及语音、词汇、语法等多个知识板块，不同教学资源之间往往存在内在联系。比如，一段口语听力材料中涉及的单词、词组，可能与某个语法点相关联；一套写作练习题中可能融入了某个话题下的核心词汇。如果不同教学资源之间能够建立起这种语义关联，形成概念上的互操作，学生就能在学习过程中触类旁通，融会贯通，而不是将知识点割裂开来。这对于语言学习来说尤为重要，因为语言运用本身就是一个有机的整体，需要将各个要素结合起来，形成完整的表达能力。

为了实现外语数字化教学资源的互操作性，需要在资源建设过程中统筹考虑、系统谋划。首先，要制定统一的技术标准和元数据规范，为不同资源的兼容性奠定基础。比如采用 XML、JSON 等通用的数据格式，采用 LOM、SCORM 等被广泛认可的元数据标准，规范资源的描述和组织方式。其次，要

发挥平台的纽带作用，提供跨资源、跨系统的检索、调用和集成服务。依托共享型平台汇聚优质资源，实现资源的集中管理和统一调度，减少数据孤岛。再次，鼓励开放共享，突破机构和学科的藩篱。通过共建共享机制，促进不同来源资源的交流互鉴，实现优势互补，激发创新活力。最后，要加强顶层设计，完善管理政策，为互操作性营造制度环境。比如出台相关标准和规范，明确资源建设的技术路线；完善知识产权政策，平衡开放共享与权益保护；加大资金投入，支持与互操作性相关的理论和应用研究。

三、外语数字化教学资源的管理策略

（一）建立资源评估指标体系

建立科学合理的评估指标体系是保障外语数字化教学资源质量的关键。评估指标体系应该全面考量资源的内容质量、技术性能、教学适用性等多个维度，既要体现资源的专业性和权威性，又要兼顾其实用性和针对性。在内容质量方面，评估指标应该涵盖资源的学术价值、知识深度、信息准确性、语言规范性等；在技术性能方面，评估指标应该包括资源的稳定性、交互性、兼容性、响应速度等；在教学适用性方面，评估指标应该考查资源与教学目标的契合度、与学情的匹配度、对学习的支持度等。

构建评估指标体系需要遵循科学性、系统性、可操作性的原则。科学性要求评估指标能够真实反映资源质量的关键要素，具有较强的理论基础和实证支撑；系统性要求评估指标能够较为全面地描述资源质量的各个方面，形成逻辑清晰、结构完整的指标框架；可操作性要求评估指标具有明确的衡量标准和评定方法，便于在实践中推广应用。在设计评估指标时，还应该充分吸纳一线教师、学科专家、技术人员等利益相关方的意见，保证指标设置的科学性和合理性。

建立评估指标体系只是质量评估的第一步，还需要基于指标体系开展常态化的资源评估。定期组织专家对资源质量进行综合评判，科学评估资源的使用效果和影响力，动态监测资源的数据表现，才能真正发挥评估指标体系的导向作用，推动外语数字化教学资源建设水平的持续提升。评估结果既要作为优化资源的依据，更要作为奖优惩劣的尺度。通过合理的激励机制设计，调动广大教师参与优质资源创新的积极性和主动性。

面对外语数字化教学资源的复杂性和多样性，单一的评估指标体系往往难以全面反映资源的质量状况。因此，有必要针对不同类型、不同层次的资源，建立差异化的评估标准和细则。对于基础性资源，评估应更加聚焦知识的科学性、教学的针对性；对于拓展性资源，评估应更加关注内容的前沿性、呈现的创新性；对于工具性资源，评估应更加强调功能的完备性、操作的便捷性。只有分类评估，才能客观评价不同资源的价值，激发多元化资源的建设活力。

（二）建立资源更新机制

建立科学、有效的资源更新机制是提高外语数字化教学资源利用率、保证教学质量的关键举措。面对信息技术的迅猛发展和教育教学理念的不断更新，传统的教学资源更新方式已经难以满足新时代外语教学的需求。因此，外语教师应立足教学实际，遵循教育教学规律，积极探索资源更新的新路径、新方法，以期实现教学资源的优化配置和可持续发展。

1. 资源评估是资源更新的基础和前提

教师应制定科学合理的评估指标体系，从资源的时效性、针对性、实用性等多个维度入手，定期评估现有资源的质量和价值。通过评估，教师可以准确把握资源的优势和不足，发现存在的问题，为后续更新提供依据和方向。需要注意的是，评估指标体系应具有一定的灵活性和开放性，能够根据教学实际和学科发展及时调整和完善，以保证评估结果的有效性和指导性。

2. 建立资源更新机制的关键在于发挥教师的主体作用

一方面，教师要树立终身学习理念，与时俱进地更新自身的知识结构和教学理念，提高信息技术应用能力和资源开发能力。只有教师自身不断进步，才能引领资源建设紧跟时代发展的步伐。另一方面，学校应完善教师激励机制，在职称评定、绩效考核等方面向参与资源更新的教师倾斜，调动其积极性和创造性。同时鼓励教师开展协作研究，集众人之智攻克资源更新中的难题。

3. 资源更新要坚持需求导向，将教学实际需要作为根本出发点和落脚点

教师应深入分析学情，准确把握学生的认知特点和学习需求，有针对性地优化资源体系。对于不同层次、不同类型的学生，教师要开发具有差异性和适切性的教学资源，促进教学内容、教学方法、教学组织形式的不断创新，以教

学需求倒逼资源更新。唯有如此，才能真正实现资源的精准供给，提高资源的实际应用效果和教学质量。

4. 外语数字化教学资源的更新应体现开放性和协作性

一所学校、一个教师的力量是有限的，只有打破校际壁垒、学科藩篱，实现优质资源的共建共享，才能避免重复建设、提高资源的利用率。为此，教育主管部门和学校应搭建资源共享平台，完善资源共享机制。一方面要加大对优质资源的遴选力度，汇聚名师名校资源，促进资源的广泛流通和有效利用。另一方面要积极开展校际协作，发挥不同学校、不同学科的各自优势，实现资源的优势互补和协同创新。

（三）鼓励教师参与资源更新

鼓励教师积极参与外语数字化教学资源的更新，是保障资源与时俱进、提高教学针对性和实效性的关键举措。教师作为教学的实践者和专业领域的专家，最了解学生的学习需求和学科发展动向。他们能够基于教学实践，发现现有资源的不足，提出改进建议；也能够紧跟学科前沿，将最新的研究成果和案例引入教学，丰富资源内涵。

教师参与资源更新，有助于提高资源的实用性和针对性。不同院校、不同专业的学生在外语学习的起点、目标、侧重点上存在差异。教师可以根据本校学生的实际情况，有针对性地筛选、改编、补充资源，使其更加契合教学需求。同时，教师还可以将自己在教学中积累的优质案例、习题、测试等内容上传至资源库，供其他教师参考借鉴，实现资源的共享与再创造。

教师参与资源更新，有利于促进资源的持续优化和品质提升。信息技术的发展日新月异，外语教学理念和方法也在不断更新。教师可以根据最新的技术手段，对资源的呈现方式、交互设计等进行优化，提升资源的感染力和吸引力。此外，教师还可以结合学生的学习反馈，发现资源中存在的问题或难点，有针对性地进行修正，不断提高资源质量。

鼓励教师参与资源更新，能够充分调动教师的积极性和创造性。作为资源的创建者和应用者，教师对资源的认同感和使用热情会大大提高。他们将更加主动地投入资源建设，积极探索新颖、有趣、有效的教学资源，用创新性的教学设计吸引学生。这种良性互动不仅有利于资源质量的持续提升，也能极大地促进教师自身的专业成长。

四、外语数字化教学资源的维护技术

(一) 数据恢复软件的应用

数据恢复软件是一种专门用于恢复丢失、损坏或无法访问的数据的工具。它利用先进的算法和技术，对存储设备进行深度扫描，找出可恢复的数据，并尽可能地还原到原始状态。在外语数字化教学资源的管理与维护中，数据恢复软件发挥着不可或缺的作用。

外语数字化教学资源通常包括音频、视频、图像、文本等多种类型，其数据量庞大，格式多样。在存储、传输和使用过程中，这些资源很容易因为各种原因而出现数据丢失或损坏的情况。比如，存储设备出现故障、病毒入侵、人为误操作等，都可能导致宝贵的教学资源无法访问或使用。一旦出现这种情况，如果没有有效的数据恢复手段，就意味着前期投入的大量时间、精力和财力都将付之东流。

数据恢复软件就是解决这一问题的利器，它能够对损坏的存储设备进行全面扫描，智能识别出可恢复的数据。即使数据已经被删除、格式化或覆盖，只要没有被完全销毁，数据恢复软件仍然能够将其还原。通过使用数据恢复软件，外语教师可以最大限度地挽回因数据丢失带来的损失，确保教学资源的安全性和完整性。

以外语听力音频资料为例，在传输或使用过程中，如果不慎将其删除或覆盖，则会直接影响到教学活动的正常开展。但是，利用数据恢复软件，教师可以快速扫描存储设备，找到被删除的音频文件，并将其恢复到原始状态。这不仅节省了重新录制音频的时间和成本，也避免了因资料缺失而导致教学计划被迫中断或调整的尴尬境地。

除了恢复意外丢失的数据，数据恢复软件在处理损坏的数字化教学资源方面也有独特优势。外语教学资源，尤其是音视频资料，经常会因为格式不兼容、编码错误等原因而无法正常播放。面对这种情况，数据恢复软件可以对损坏的文件进行修复，恢复其可用性。通过智能分析文件结构和数据格式，数据恢复软件能够定位损坏点，尝试重新组织和拼接数据，从而使文件恢复到可读取的状态。

随着信息技术的不断发展，数据恢复软件的功能也在不断增强。一些先进的数据恢复软件已经能够支持多种存储介质和文件系统，如硬盘、U盘、SD卡、RAID阵列等。它们还内置了丰富的文件格式库，可以识别和恢复数百种常见的文件类型。此外，一些数据恢复软件还提供了额外的数据安全保护功能，如数据擦除、数据加密等，这将有助于进一步提升外语数字化教学资源的安全性。

（二）异地容灾备份系统的建立

异地容灾备份系统的建立对于保障外语数字化教学资源的安全和持续可用性至关重要。在数字时代，外语教学资源的形式日趋多样化，包括文本、音频、视频、动画等各种类型。这些资源一旦发生损坏或丢失，将严重影响教学活动的正常开展。因此，搭建一套完善的异地容灾备份系统，对资源进行异地冗余存储和定期同步，能够最大限度地降低因灾难性事件导致的数据损失风险。

异地容灾备份系统需要充分考虑外语数字化教学资源的特点，合理规划存储架构和数据同步策略。鉴于外语教学资源具有数据量大、更新频繁、多种格式并存等特点，备份系统应采用高可扩展性的分布式存储架构，支持海量非结构化数据的存储和管理。同时，备份系统还须具备块级增量同步能力，通过智能对比算法识别资源变化，仅同步发生更新的数据块，提高数据同步效率。此外，针对视频、动画等大文件，可采用专门的传输加速机制，充分利用网络带宽，加快数据同步速度。

从容灾的角度看，异地备份系统应严格遵循“两地三中心”的部署原则，即在不同地域建设两个数据中心，同时设置一个远程容灾中心，实现了跨地域的多级容灾。生产数据中心与异地备份数据中心之间通过高速专线实现数据同步，保证两地数据的一致性。一旦生产数据中心发生重大故障，系统可自动切换到异地备份数据中心，保证外语教学业务的连续性。同时，远程容灾中心作为最后的数据保险，采用异步复制的方式定期备份关键数据，进一步提升了数据的安全性。

搭建异地容灾备份系统不仅需要先进的技术手段，还需要完善的管理制度和应急预案作为保障。教学管理部门应制定明确的数据备份策略，规范备份周期、备份方式、备份数据范围等，并定期检查备份数据的完整性和可恢复性。同时，还应针对可能出现的灾难场景制定详尽的应急预案，明确系统故障的判断标准、容灾切换流程、数据恢复操作等，确保在灾难发生时能够从容应对，将教学业务的中断时间和数据损失降到最低。

五、外语数字化教学资源的维护策略

（一）定期检查存储设备

定期检查是外语数字化教学资源维护工作中一项不可或缺的重要内容。存储设备作为承载教学资源的物理载体，其性能和状态直接关系到资源的安全性和可用性。因此，有必要建立规范的存储设备检查制度，及时发现和排除潜在故障，确保数字化教学资源始终处于最佳状态。

存储设备检查应遵循全面性、针对性和持续性的原则。全面性要求对存储设备的各个关键指标都进行系统检测，包括硬盘的读写速度、坏道情况、S. M. A. R. T. 参数等，以便准确评估设备的整体健康状况。针对性则强调根据不同存储设备的特点采取有针对性的检测手段，如对机械硬盘重点检查磁头、盘片等易损部件，对固态硬盘重点检查闪存芯片的写入放大系数、保留块数量等。持续性则要求将存储设备检查常态化、制度化，建立定期检查机制，而非仅在出现问题时才开展临时性的故障排查。

具体实施存储设备检查时，可以借助专业的硬件检测工具，如 Victoria、HDTune 等，它们能够深入分析设备的技术参数，生成详尽的检测报告。同时，还要高度重视日常巡检和人工检查，通过查看设备运行状态、倾听噪声变化等方式及时发现异常情况。一旦检查发现存储设备存在故障隐患，要立即停止使用，并及时进行维修或更换，避免问题扩大化而造成难以挽回的数据损失。

存储设备检查虽然重要，但也要把握“度”的问题，避免过于频繁的全面检测反而影响设备的正常使用。可以根据存储设备的类型、使用强度、环境条件等因素，制定差异化的检查策略和频率，在确保安全性的同时提高维护效率。例如，对于大容量磁盘阵列，可重点检查 RAID 控制器、硬盘背板等关键部件；对于长期处于高温高湿环境的存储设备，可适当增加检查频次；而对于使用强度较低的备份存储，则可相应降低全面检测的周期。

（二）定期检测资源的可用性

定期检测外语数字化教学资源的可用性是保障教学资源质量、提高资源利用效率的重要举措。随着外语教学的数字化转型，各类数字化教学资源不断丰富，为教师的教学设计和学生的自主学习提供了广阔空间。然而，如果缺乏有效的检测和维护，再好的教学资源也难免会出现失效、损坏等问题，影响教学效果。因此，外语教师应高度重视数字化教学资源的定期检测工作，通过科学、规范的方法，及时发现并修复存在的问题，确保资源始终处于最佳可用状态。

从技术层面来看，链接检测是判断数字化教学资源可用性的基本手段。通过专业的链接检测工具，教师可以快速、准确地检查资源链接的有效性，识别出失效、错误的链接。这一过程可以实现自动化，大大提高检测效率。同时，链接检测还能帮助教师发现资源链接结构的问题，如过长、过深的链接路径，不利于学生访问和使用。教师可以据此优化资源组织方式，构建科学、合理的资源链接体系。

从内容层面来看，定期检测应关注数字化教学资源的质量和适用性。一方面，教师要审查资源内容的准确性、权威性，及时更新或剔除存在错误、过时的信息。另一方面，教师还要评估资源的针对性和实用性，确保其能够满足不同教学环节、不同学习者的需求。例如，针对听说训练环节，教师就需要甄选音频、视频等声像类资源；针对阅读理解训练，则需要提供难度适中、题材多样的文本材料。只有做到具体问题具体分析，才能真正发挥数字化教学资源的优势，激发学生的学习兴趣。

第五章　外语教学方法的数字化转型实践

第一节　基于微课的外语教学

一、微课的特点

（一）时间短

微课作为一种新型的教学资源形式，其鲜明的时间短、内容精、形式新的特点，为外语教学注入了新的活力。微课通常只有5～10分钟的时长，这一特点恰好契合了学生注意力集中的时间规律。现代教育心理学研究表明，学生的注意力高度集中的时长一般维持在5～10分钟，超过这一时长，注意力就会开始逐渐下降。微课精练的时间设计，能够充分利用学生注意力集中的黄金时段，提高学习效率。

与传统的长篇大论式教学不同，微课内容短小精悍，聚焦某个知识点进行讲解，专题性和目的性较强。这种内容上的“微”有利于减轻学生的认知负荷，帮助其快速理解和掌握重点、难点知识。同时，微课内容往往经过教师精心提炼和设计，浓缩了学科的核心要义，彰显了教学内容的深度和价值。对于外语教学而言，语言知识点的精讲精练尤为重要。通过微课，教师可以围绕词汇、语法等语言要素，设计出内容精当、针对性强的教学视频，为学生梳理知识脉络、突破学习难关提供有力支持。

微课打破了传统教学资源的呈现方式，以视频、动画等丰富多样的形式吸引学生的注意力。生动活泼的视频情境、形象直观的动画演示，能够调动学生多种感官参与学习，激发其学习兴趣。在外语教学中，适当运用微课能够营造出身临其境的语言情境，帮助学生直观感知语言的运用规律。例如，教师可以设计微课来呈现某个语法结构在真实语境中的应用，引导学生在实际语言运用中感知语法规则，从而实现语言学习从“死”到“活”的跨越。

（二）内容精

微课针对某一特定知识点进行短小精悍、重点突出的讲解，体现了鲜明的专题性和目的性。与传统的课程教学相比，微课更加聚焦，内容更加精练。它围绕某一核心概念、原理或技能展开，剥离了与主题无关的繁杂信息，突出了知识点的本质内涵和关键要素。这种高度概括和提炼的特点，有利于学生快速把握知识脉络，厘清学习重点和难点。

1. 微课的专题性和目的性还体现在其严谨的教学设计上

为了实现特定的教学目标，微课在内容选择和组织上经过了精心策划和安排。教师会根据知识点的特点和学生的认知规律，科学地设计教学环节，合理地把控信息量，确保知识呈现的系统性和条理性。同时，微课还会针对性地设置问题情境、练习任务等，引导学生主动思考，加深对知识点的理解和掌握。这种环环相扣、步步深入的教学策略，能够最大程度地发挥微课的教学效果。

2. 微课的专题性和目的性决定了其在外语教学中的独特价值

外语学习涉及语音、词汇、语法、语用等多个方面，知识点繁多，学生往往难以在有限的课堂时间内全面领会。而微课可以将复杂的语言知识划分为若干个专题，分别对其进行针对性讲解。学生可以根据自己的学习需求和节奏，选择性地学习某个知识点，实现个性化、自主化的学习。这种灵活、高效的学习方式，能够帮助学生突破学习障碍，提高语言学习的针对性和实效性。

（三）形式新

微课是一种新兴的教学形式，它充分利用现代信息技术，将视频、动画等多媒体元素融入教学过程，为学生创设了丰富多彩的学习情境。与传统课堂相比，微课具有时间短、内容精、形式新颖等显著特点，更能吸引学生的注意力，激发其学习兴趣。

在外语教学中，微课的优势尤为突出。语言学习需要大量的语境输入和交互训练，而微课恰好能够提供身临其境的语言环境，帮助学生真实地感知和运用语言。例如，教师可以利用微课展示外国风土人情、文化习俗，让学生在视听享受中潜移默化地了解异国文化，提升跨文化交际能力。又如，教师可以设计情境对话、角色扮演等互动性微课，引导学生在模拟场景中学以致用，强化语言运用能力。

微课支持个性化、自主化学习，这与外语学习规律高度契合。语言习得是一个循序渐进的过程，不同学生的接受能力和进展速度存在差异。微课的灵活性恰好能够满足学生的个性化需求。学生可以根据自身水平和节奏，自主选择微课资源，反复学习，直至完全掌握。这种自适应学习方式能够最大程度地发挥每个学生的潜能，提高外语学习效率。

微课并非万能，它需要与其他教学形式优势互补，才能真正发挥效用。教师应根据教学目标和学生特点，合理选择和设计微课内容，将其恰如其分地融入外语课堂教学。同时，教师还应加强引导，帮助学生养成良好的微课学习习惯，提高自主学习效果。只有教学相长，多管齐下，才能最大程度地发挥微课的优势，推动外语教学模式变革。

二、微课的制作

（一）确定教学目标

明确微课针对的知识点是确定教学目标的首要任务。教师需要深入研读课程标准和教材内容，准确地把握微课所涉及的核心概念、基本原理和关键技能。只有对教学内容有了全面而深入的理解，才能有的放矢地设计教学目标。在这个过程中，教师应该聚焦于学生学习的重点和难点，选取具有代表性和典型性的知识点作为微课的教学对象。同时，还要考虑知识点之间的逻辑关系，注重前后衔接和内在联系，使微课形成系统化、结构化的知识单元。

在明确了微课知识点的基础上，教师需要进一步细化教学目标。这就要求教师深入分析学生的认知特点和学习需求，从知识、能力、情感等多维度对教学目标进行具体描述。在知识层面，教师应该明确学生通过微课学习应掌握的概念、原理、方法等，并设定相应的达成标准。在能力层面，教师要着眼于学生在问题解决、创新思维、实践操作等方面的提升，设计与之匹配的目标要求。在情感层面，教师应关注微课对学生兴趣、态度、价值观等的影响，力求实现知识传授与情感培养的高度统一。

细化教学目标的过程，实质上是对教学效果的预设和引导。具体而言，教师可以借助“学生将能够”这一句式，对预期的学习结果进行清晰界定。比如，

“学生将能够准确解释××概念的内涵和外延”“学生将能够运用××原理分析现实生活中的相关问题”“学生将能够利用××方法设计和实施简单的实验探究”等。这种目标性表述不仅明确了学生学习的方向和重点，也有利于教师对教学过程进行监控和评价。

（二）设计教学内容

在设计外语微课教学内容时，教师需要围绕预设的教学目标，合理规划教学内容，控制信息量，以实现教学的针对性和有效性。微课作为一种新型的教学资源形式，其教学内容的设计不同于传统课堂，需要遵循微课的特点，突出重点，简化难点，力求在有限的时间内达成最佳的教学效果。

教学内容的选择是微课设计的首要环节，教师应根据教学目标，甄选出与之密切相关的语言知识点、语言技能或文化内容。选材时要注重典型性和代表性，既要覆盖教学要点，又要兼顾学生的认知水平和接受能力。同时，为了提高微课的吸引力和趣味性，教师还可以适当融入与主题相关的背景知识、文化习俗、奇闻轶事等，以激发学生的学习兴趣。

在确定教学内容后，教师需要对其进行合理的组织和呈现。这就要求教师对教学内容进行科学的拆分和重组，突出重点，化繁为简。一般来说，一节微课只围绕一个知识点或语言现象展开，切忌面面俱到、烦琐冗长。教师可以运用图表、动画、音频等多媒体元素，将教学内容直观化、形象化，帮助学生理解和记忆。在呈现方式上，还要注意循序渐进、环环相扣，避免内容间的跳跃和割裂。

控制信息量是微课教学内容设计的另一个关键。由于微课时长有限，教师必须精心筛选教学内容，把握信息量的“度”。一方面，所提供的信息要足够支撑教学目标的达成；另一方面，信息量又不能过多，以免超出学生的认知负荷。为此，教师可以通过划重点、列提纲、设置悬念等方式，引导学生抓住关键信息，避免认知迷航。同时，适当留白也是控制信息量的有效策略，给学生以思考和消化的空间。

教学内容的设计还要体现外语微课的特色，注重语言输入与输出的结合。在讲解语言知识的同时，教师要为学生创设运用语言的机会和情境。这可以通过设置开放性问题、提供真实语料、引导角色扮演等方式来实现。通过语言实践活动的设计，促进学生将输入转化为输出，提高语言运用能力。

（三）选择制作工具

选择合适的微课制作工具是确保微课教学质量和效果的关键环节。在众多的微课制作软件中，Camtasia和PPT凭借其强大的功能和便捷的操作，已经成为广大教师的首选。Camtasia作为一款专业的屏幕录制和视频编辑软件，能够轻松捕捉屏幕动态，并提供丰富的视频剪辑、特效制作功能。利用Camtasia，教师可以录制教学视频、软件操作演示等内容，再搭配字幕、动画、画面转场等效果，制作出生动形象的微课视频。Camtasia还支持多种格式输出，便于在不同平台分享和传播。

PPT作为日常办公和教学中最常用的演示文稿软件，在微课制作中同样大有可为。借助PPT强大的文字、图形、图像编辑功能，教师可以很容易地设计出美观大方的微课页面。通过在PPT中插入音频、视频、动画等多媒体元素，微课内容将更加丰富多彩，提高学生学习兴趣。结合录屏软件，教师还可以录制PPT播放过程，讲解知识点，实现语音、画面同步。利用PPT制作微课，操作简单，易于上手，非常适合初次尝试微课教学的教师。

Camtasia和PPT并非微课制作的唯一选择，随着互联网技术的发展，涌现出许多在线微课制作平台，如慕课、微课程等。这些平台集成了丰富的创作工具和素材库，支持在线录制、剪辑、发布，无须安装软件，极大地降低了微课制作门槛。不少平台还提供了互动习题、学习数据分析等功能，帮助教师实施教学管理和效果评估。教师可以根据自身需求和技术水平，选择合适的在线平台开展微课教学。

微课制作还需要硬件设备的支持，如高清摄像头、麦克风、绘图板等。优质的硬件设备能够保证微课视频的清晰度和音质，提升学生的观看体验。对于实践性较强的外语微课，教师还可以使用可视化工具，如VR、慕课实验室等，营造沉浸式语言环境，激发学生学习兴趣。当然，硬件选择应当遵循适度原则，避免盲目追求高精尖设备而忽视微课教学的实际效果。

三、外语微课设计的原则与策略

（一）语言输入与输出并重

在外语教学中，语言输入与输出并重的微课设计策略具有重要意义。语言输入是学生习得语言知识和技能的基础，而语言输出则是学生内化语言知识、提升语言运用能力的关键。微课作为一种灵活高效的教学资源形式，在语言输入与输出的设计上有着得天独厚的优势。

从语言输入的角度来看，外语微课应精心设计语言材料，遵循从易到难、由浅入深的原则，为学生提供适量的、富有挑战性的语言刺激。教师可以通过文本、音频、视频等多种媒介形式呈现语言材料，激发学生的多感官参与。同时，语言输入还应注重真实性和互动性。教师可以选取贴近学生生活实际的语言材料，创设仿真的语境，引导学生在具体情境中感知和理解语言。此外，教师还可以利用微课平台的互动功能，通过设置问题、组织讨论等方式，鼓励学生积极思考、主动参与，在师生、生生互动中实现语言输入的内化。

从语言输出的角度来看，外语微课应为学生提供充足的语言实践机会。教师可以设计形式多样的语言输出任务，如角色扮演、情境对话、演讲报告等，引导学生在实际运用中巩固语言知识，提升语言表达能力。微课的灵活性使得语言输出任务的设计更加个性化和差异化。教师可以根据学生的语言水平、学习风格等特点，为不同学生设计难度适宜的语言输出任务，实现因材施教的目的。同时，微课平台还能为学生提供自主练习、反复训练的机会。学生可以利用微课资源进行自主学习，通过录音、录像等方式记录自己的语言输出表现，并与标准答案进行对比，发现差距，不断修正和完善。

在外语微课教学中，语言输入与输出的有机结合尤为重要。教师应在语言输入的基础上适时引入语言输出任务，构建“输入－内化－输出”的语言学习闭环。例如，教师可以在微课视频讲解语言知识点后，设置相关的语言输出任务，引导学生及时应用所学知识，加深理解和记忆。同时，语言输出任务的完成情况也可以作为检验语言输入效果的重要依据。教师可以根据学生的语言输出表现，及时调整语言输入的内容、难度和策略，实现教学的动态优化。

（二）语言难度递进

在外语微课的设计中，合理把控语言材料的难度至关重要。教师需要根据学生的实际语言水平，遵循由浅入深、由易到难的原则，循序渐进地安排教学内容。只有这样，才能有效降低学习难度，激发学生的学习兴趣，帮助其建立学习自信。

在选择微课语言材料时，教师应充分考虑学生的词汇量、语法知识、文化背景等因素。对于初学者，教师可以选用简单的词汇和句型，避免使用生僻词和复杂结构。同时，教师还应注意控制语言材料的信息量，切忌一次性呈现过多的新知识点，以免造成学生的认知负荷过重。

随着学生语言能力的提高，教师可以适当增加微课语言材料的难度。但这一过程必须是循序渐进的。教师可以在原有材料的基础上，逐步引入新的词汇和语法结构，并通过反复练习帮助学生巩固和掌握。此外，教师还可以适时补充一些文化背景知识，拓宽学生的视野，提高其跨文化交际能力。

在难度递进的过程中，教师应该重视语言输入与输出的平衡。单纯增加语言材料的难度，而忽视学生的语言实践，往往会导致学生产生畏难情绪，丧失学习动力。因此，教师在设计微课时，既要注重语言知识的讲解，也要为学生提供充足的语言实践机会。通过情境对话、角色扮演等互动活动，鼓励学生开口说、积极用，在实践中感受语言的魅力，提升语言的运用能力。

在把控语言难度时，教师还应该关注学生的个体差异。由于学生的语言基础、学习能力不尽相同，统一的教学进度和难度标准往往难以满足每一位学生的需求。因此，教师应该在微课设计中预留一定的弹性空间，为不同层次的学生提供差异化的学习支持。对于基础薄弱的学生，教师可以适当降低语言材料的难度，给予更多的学习指导和鼓励；而对于语言能力较强的学生，教师则可以提供一些拓展性的学习资源，满足其进阶学习的需求。

四、微课在外语教学中的应用

（一）课前预习

在课堂教学中，教师利用微课引导学生提前预习相关语言知识，为正式的课堂学习搭建了认知基础。通过微课预习，学生能够初步了解新知识的概念、原理和应用场景，建立起基本的语言框架。当学生带着对新知识的初步理解走进课堂时，他们的学习兴趣已被激发，求知欲已被点燃。这种由微课预习激发的学习动机，将成为推动课堂教学的强大内驱力。

微课预习不仅让学生对新知识有所了解，更重要的是引导他们主动思考，积极探索。在微课学习过程中，学生会遇到一些疑惑和问题。这些疑惑和问题将成为连接预习和课堂教学的桥梁。学生会怀着满腹的困惑和好奇走进课堂，渴望在课堂教学中找到答案。而教师则可以学生预习中的疑问为切入点，引导学生展开探究式学习，启发他们运用已有知识去分析、推理、论证，在解决问题的过程中实现对新知识的内化和升华。

微课预习能帮助教师优化课堂教学设计，通过布置微课预习任务，教师可以提前了解学生的学习基础、认知特点和学习困难。基于学情，教师可以有针对性地调整教学内容，合理把控教学节奏，设计个性化的教学活动。例如，对于预习效果不佳的知识点，教师可以在课堂上重点讲解，并设计相应的巩固练习；对于学生普遍感兴趣的话题，教师可以组织主题探讨或小组合作学习，充分调动学生的参与热情。由此可见，微课预习为教师提供了全面诊断学情、精准施教的可能。

微课预习要真正发挥“铺垫”作用，促进课堂教学质量的提升，还需要教师在实践中不断摸索、完善。首先，教师要精心设计预习任务，把握难度和分量，避免对学生形成过重的负担。其次，教师要加强预习效果的监测和反馈，通过在线测试、讨论交流等方式，及时了解学生预习情况，调整预习内容。最后，教师要引导学生养成良好的预习习惯，掌握科学的预习策略，提高学习效率。

（二）课后复习

在课后复习阶段，微课可以帮助学生系统梳理课堂所学知识，加深对重点内容的理解和记忆。通过微课视频，学生能够再次回顾教师的讲解，重新审视自己的笔记，查漏补缺，构建起完整的知识体系。这种复习方式打破了时空限制，学生可以根据自己的学习进度，随时随地利用碎片化时间进行学习，提高复习效率。

在课后复习阶段，微课能为学生提供丰富多样的复习资源。除了教师录制的微课视频，学生还可以搜索、筛选其他优质的微课资源，获取不同教师的讲解视角，拓宽学习思路。一些微课平台还配套了练习题、讨论区等互动功能，学生可以通过完成练习巩固所学，通过参与讨论加深理解，实现高效复习。

在课后复习阶段，微课复习有利于培养学生自主学习的意识和能力。在课后复习过程中，学生需要根据自身学情，主动选择微课资源，合理安排学习时间和进度，这无疑对其自我管理、自我监控等能力的提升大有裨益。长此以往，学生的学习习惯和学习方法也会得到改善，为今后的终身学习奠定基础。

对教师而言，依托微课开展课后复习也是检验教学效果、改进教学策略的重要渠道。教师可以通过学生的复习情况，了解其对知识点的掌握程度，及时发现共性问题，有针对性地进行二次讲解或巩固练习。学生在复习过程中遇到的疑惑，也可以成为教师优化微课内容、创新教学方法的重要依据。

五、基于微课的外语教学实施策略

（一）与课堂教学相结合

将微课与课堂教学相结合，能够实现线上线下混合式教学，充分发挥二者的优势，提高外语教学效果。微课作为一种新型的教学资源，具有时间短、内容精、形式新等特点，能够激发学生的学习兴趣，满足个性化学习需求。而课堂教学则提供了面对面交流、实时反馈的机会，有利于师生、生生之间的互动，培养语言运用能力。将二者有机结合，可以实现优势互补，扬长避短。

在教学实践中，教师可以利用微课引导学生课前预习，掌握基础知识，为课堂教学作好铺垫。学生通过观看微课视频，了解学习目标、重点难点，初步形成知识框架，培养自主学习能力。课上，教师则可以针对微课内容展开教学，通过提问、小组讨论等形式，检验学生的预习效果，加深对知识的理解。对于微课中涉及的语言点，教师可以补充更多例句，引导学生在具体语境中感知语言的运用规律。同时，课堂教学还可以为学生提供更多语言实践的机会，如角色扮演、情境对话等，让学生在模拟真实场景中学以致用，提高语言交际能力。

微课与课堂教学的结合有助于实现因材施教的目标，满足学生的多元需求。由于学生的语言基础、认知特点存在差异，单一的教学模式难以兼顾全体学生的学习需要。而微课的灵活性恰好弥补了这一不足。对于基础薄弱的学生，教师可以提供更多的微课资源，引导其反复观看、巩固知识；对于学有余力的学生，教师则可以提供拓展性的微课内容，引导其探索语言的奥秘，挖掘学习潜力。与此同时，课堂教学可以根据学生的实际学习情况，调整教学策略和节奏，做到有的放矢，因材施教。

（二）与移动学习相结合

将微课与移动学习相结合，依托移动设备开展碎片化、个性化的微课学习，是外语教学数字化转型的重要路径。移动学习打破了时空限制，为学生提供了更加灵活、自主的学习方式。通过移动设备，学生可以随时随地访问微课资源，利用碎片化时间进行学习。这种学习模式不仅能够提高学习效率，更能激发学生的学习兴趣和主动性。

移动学习平台的个性化推荐功能，能够根据学生的学习行为和偏好，智能推送适合其学习需求和能力水平的微课资源。这种精准、个性化的学习体验，有助于学生更高效地吸收和内化语言知识。同时，移动学习还支持学生之间的交流互动，学生可以通过社交功能分享学习心得、讨论学习难点，营造良好的协作学习氛围。

在教学实践中，教师可以充分利用微信、学习通等移动学习平台，构建起灵活多样的微课学习生态。例如，教师可以在平台上发布语音、视频微课，引导学生开展自主学习；开设讨论区，组织学生围绕微课内容展开探讨；布置拓展任务，鼓励学生运用所学知识解决实际问题。这些举措不仅能够延伸微课教学的时空，更能促进学生语言运用能力的提升。

将微课与移动学习相结合，有利于实现学习数据的采集和分析。移动学习平台能够记录学生的学习行为数据，如学习时长、学习进度、答题情况等。通过对这些数据进行挖掘分析，教师可以全面了解学生的学习状况，及时发现并解决学习中的问题，为学生提供更加精准的学习指导和帮助。

第二节　基于慕课的外语教学

一、慕课的特点

（一）打破时空限制，实现资源共享

慕课打破了传统课堂教学的时空限制，为学生提供了更加灵活、自主的学习方式。在慕课环境下，学生不再受制于固定的上课时间和地点，而是可以根据自己的学习进度和时间安排，随时随地访问在线课程资源。这种灵活的学习方式极大地满足了学生个性化、差异化的学习需求，有利于调动其学习积极性。

与传统课堂相比，慕课还能够为学生提供更为丰富的学习资源。通过整合优质的教育资源，慕课平台不仅提供了名校名师的精品课程，还包括各种形式的学习资料，如视频、音频、文本、动画等。这些多样化的学习资源能够充分满足不同学习风格的学生需求，使其能够选择最适合自己的学习方式，从而提高学习效率。

慕课能够实现优质教育资源的共享，促进教育公平。传统的外语教学往往

受限于师资力量和硬件条件，优质教育资源往往集中在少数重点院校。而通过慕课平台，来自不同地区、不同院校的学生都能够平等地获取优质课程资源，享受优秀教师的教学指导。这在一定程度上缩小了教育资源的差距，为更多学生提供了接受优质教育的机会。

同时，慕课还为外语学习提供了良好的延续性和持续性。语言学习是一个长期的过程，需要学生持之以恒地练习和积累。慕课平台上的课程资源可以长期保存，学生可以根据需要反复学习、复习，这有利于巩固所学知识，提高语言应用能力。同时，慕课平台还能够通过课程更新、主题讨论等方式，为学生提供持续学习的机会和动力，使其能够与时俱进，不断拓宽视野。

（二）提供丰富多样的学习资源

慕课为学习者提供了丰富多样的学习资源，包括视频课程、音频资料、文本材料等，可以满足不同学习者的个性化需求。视频课程是慕课最主要的学习资源，它将教师的讲解、演示、互动等教学过程完整地呈现出来，学习者可以通过观看视频，近距离感受名师授课的魅力，深入理解课程内容。同时，视频还可以方便地暂停、回放，使学习者能够根据自己的节奏安排学习进度，实现个性化、自主化学习。

除了视频资源，慕课平台还提供了丰富的音频资料，如名师讲座、专家访谈等，学习者可以利用碎片化时间随时随地收听，灵活安排学习计划。此外，慕课平台上还有大量的文本材料，如教学大纲、课程笔记、参考文献等，为学习者提供了系统完整的知识体系，便于其查漏补缺、巩固提高。

慕课资源的多样性不仅体现在媒体形态上，还体现在内容的广泛性和交叉性上。慕课平台涵盖了从自然科学到人文社科各个领域的课程，学习者可以根据兴趣爱好自由选择，拓宽知识视野。许多慕课还是跨学科的，综合运用了不同学科的理论和方法，培养学习者的创新思维和综合能力。比如，一门关于人工智能的慕课可能融合了计算机科学、数学、心理学等多个学科的内容，引导学习者从多角度、多层次理解这一前沿技术。

丰富多样的慕课资源为学习者营造了一个开放、自由的学习环境，激发了他们的学习兴趣和探究热情。通过浏览、筛选、比较不同的课程资源，学习者可以发现自己感兴趣的领域和话题，找到适合自己的学习方式和路径。在这个过程中，学习动机会被不断激发，学习主动性和自觉性会显著提升。

从认知科学的角度来看，多样化的学习资源有助于建构丰富、灵活的知识表征，促进知识的深度理解和迁移应用。通过多种媒体形式呈现同一知识点，可以帮助学习者从不同角度理解和巩固概念，加深记忆。当学习者在实际问题情境中遇到相关概念时，就能够迅速提取先前建构的知识表征，灵活运用、举一反三。

二、慕课在外语教学中的应用

（一）外语教学评估

慕课环境下的教学评估已不再局限于期末考试这一单一形式，而是日益呈现出多元化、多层次、多维度的特点。借助慕课平台海量的学习过程数据，教师能够全面、动态地洞察学生的学习行为和认知发展轨迹，为实施形成性评估和终结性评估提供了坚实基础。形成性评估贯穿于学习的全过程，通过追踪学生的学习进度、知识掌握情况、问题解决能力等，及时发现并纠正学习中存在的困难，引导学生调整学习策略。在此基础上，慕课平台还可根据学生的个体差异，提供个性化的学习资源推送和任务设计，因材施教，促进每一位学生的有效学习与持续进步。

慕课环境为开展终结性评估提供了更加科学、全面的依据。传统的终结性评估往往侧重考查学生对知识点的机械记忆和套路化运用，难以真实反映其综合运用知识的能力。而慕课平台记录的海量学习行为数据，如视频观看时长、习题完成情况、讨论区互动频次等，能够多角度、立体化地刻画学生的学习参与度、知识建构水平以及分析问题、解决问题的能力。教师可据此设计开放性、探究性的评估任务，考查学生将知识迁移至新情境、创造性地解决问题的高阶思维能力。

在慕课环境下构建多元评估体系，不仅有利于促进学生的有效学习，更有助于引导教师反思教学、改进课程设计。通过对学生群体的学习行为数据进行大数据分析，教师能够洞见课程内容的学习难点，发现教学设计的薄弱环节。这些发现能为教学改革提供切实依据，推动慕课教学从“教”的视角转向“学”的视角，着眼于优化学生的学习体验和学习效果。

（二）外语学习过程的即时监控和反馈

慕课平台通过对学生的练习、测试、讨论等学习行为进行自动追踪分析，实现了对学习过程的即时监控和反馈。这种及时诊断学习问题并提供针对性指导的机制，有效地促进了学生的自主学习和个性化发展。

在慕课平台上，学生的每一次作业提交、测验答题、讨论发言都会被系统自动记录下来。通过对这些数据的智能分析，平台能够实时了解每个学生的学习进度、掌握程度和存在的困难。一旦发现学生在某个知识点上出现反复错误或停滞不前的情况，系统就会自动推送相关的学习资源和练习题，帮助其查漏补缺，突破难点。

这种精准的学情诊断和个性化学习支持，能够最大限度地激发学生的学习兴趣和主动性。学生不再像传统课堂上那样被动地接受“一刀切”式的统一教学，而是能够根据自身的特点和需求，获得量身定制的学习方案和指导。这不仅提高了学习效率，也增强了学习体验，使学生能够在轻松愉悦的氛围中掌握知识技能。

同时，即时反馈机制还有助于培养学生的自我监控和调节能力。通过实时呈现学习数据和进展情况，平台引导学生主动审视自己的学习过程，及时发现问题并进行改进。久而久之，学生就能养成自觉反思、持续优化的良好学习习惯，这对于其终身学习和发展至关重要。

虽然慕课平台的即时反馈机制为学生提供了强大的学习支持，但它并不能完全取代教师的作用。在学习过程中，学生难免会遇到一些复杂的问题和情感困惑，这时就需要教师从旁给予启发和引导。因此，教师应该充分利用平台的数据反馈，与学生保持密切的线上线下互动，给予其全方位的关怀和帮助，引导其健康成长。

三、基于慕课的外语教学实施策略

在基于慕课的外语教学中，教师要树立以学生为中心的教学理念，充分尊重学生的个体差异和学习需求，为其提供个性化、自主化的学习支持。在慕课平台上，教师可以通过设置多样化的学习任务和资源，满足不同学习风格和学习基础的学生的需要。同时，教师还要充分利用慕课平台的交互功能，鼓励学生参与讨论、协作，培养其自主学习和协作学习的能力。

在基于慕课的外语教学中，教师要精心设计慕课教学内容和活动，注重知识的系统性、实践性和挑战性。在选择教学内容时，教师要立足外语教学的核心目标，梳理语言知识、语言技能、文化意识等关键要素，构建科学完整的知识体系。同时，教师要关注语言学习与现实生活的联系，通过设计情境化、任务型的教学活动，帮助学生将所学语言运用到实际交际中，提高其语言运用能力。此外，教师还要适度增加教学内容的难度和挑战性，激发学生的求知欲和探索精神，引导其突破舒适区，不断挑战自我、超越自我。

在基于慕课的外语教学中，教师要灵活运用慕课平台的技术手段，创新教学方法和学习活动。例如，教师可以利用慕课平台的自适应学习功能，根据学生的学习行为和学习效果，为其推送个性化的学习资源和学习路径；又如，教师可以通过开设在线讨论区、协作学习小组等，营造互动、开放的学习氛围，促进学生之间的交流与合作。同时，教师还要注重学习过程数据的采集与分析，通过对学生学习行为的追踪和诊断，及时发现学习过程中的问题，提供针对性的学习指导和反馈。这些方法的运用，不仅能够提高教学的针对性和实效性，更能激发学生的学习兴趣，培养其自主学习、合作学习的意识和能力。

在基于慕课的外语教学中，教师要加强慕课教学的反思与评估，不断优化和完善教学实践。在慕课教学中，教师要主动收集学生的学习反馈，关注学生的学习体验和学习效果，并据此及时调整教学策略和教学内容。同时，教师要加强与同行的交流与合作，互相分享慕课教学的经验与心得，共同探讨慕课教学的有效策略和方法。此外，教师还要重视慕课教学的研究与反思，深入分析慕课教学的特点和规律，不断总结和提炼优秀的教学案例和教学模式，推动外语慕课教学的理论创新和实践发展。

第三节　基于翻转课堂的外语教学

一、翻转课堂的特点

（一）学生主导学习

在翻转课堂模式下，学生成为学习的主体和中心。在课前，学生需要通过教师提供的学习资源，如教学视频、电子教材、讨论问题等，自主完成知识的初步学习和内化。这一过程要求学生根据自身的学习节奏和认知特点，合理安排时间，主动探索和构建知识体系。学生可以通过反复观看视频、记录笔记、标注疑问等方式，实现对教学内容的深度理解和掌握。同时，学生还可以运用思维导图、概念图等工具，梳理知识点之间的逻辑关系，构建系统化的认知结构。这种自主学习的过程不仅能够帮助学生夯实基础知识，还能培养其自我管理、自我监控等元认知能力。

在课堂上，学生需要通过积极参与教学活动，将课前习得的知识应用到实践中。教师会设计一系列富有挑战性和开放性的任务，如小组讨论、案例分析、问题求解等，引导学生开展探究式学习。在这一过程中，学生需要运用批判性思维，对问题进行多角度分析，提出自己的见解和方案。同时，学生还要与他人进行有效互动，通过头脑风暴、思维碰撞等方式，共同完成任务。这种主动探究和协作交流的学习方式，不仅能够加深学生对知识的理解和内化，更能促进其创新思维和问题解决能力的提升。此外，将知识应用于实践的过程也有助于增强学生的学习兴趣和动机，使其真正成为学习的主人。

（二）教师角色转变

在翻转课堂的教学模式中，教师角色发生了深刻转变，从传统的知识传授者转变为学生学习的引导者和协助者。这一转变不仅体现了教育理念的更新，更凸显了教师在新型教学模式中的关键作用。

教师作为学习引导者，首要任务是激发学生的学习兴趣和探究欲望。在课前，教师需要精心设计学习任务，提供丰富多样的学习资源，如微课视频、电子课件、在线测试等，引导学生自主学习。同时，教师还要明确学习目标，帮助学生厘清学习思路，掌握学习方法。通过启发诱导、提示点拨等方式，教师引导学生主动思考、积极探索，逐步养成自主学习的习惯。在这一过程中，教师不再是简单的知识传播者，而是学生自主学习的组织者和引路人。

教师作为学习协助者，需要为学生提供及时、有效的帮助和支持。在课堂上，教师通过组织讨论、答疑解惑、检查学习效果等方式，深入了解学生的学习困难和疑惑，有针对性地给予指导和帮助。面对不同学习风格和认知水平的学生，教师要因材施教，提供个性化的学习支持。对于学习有困难的学生，教师要给予更多关注和鼓励，帮助其克服心理障碍，重拾学习信心。通过扮演学习协助者的角色，教师为学生营造了宽松、温暖的学习氛围，搭建起师生之间、生生之间互帮互助的桥梁。

教师角色的转变对教师的专业素养提出了更高要求，教师不仅要具备扎实的学科专业知识，更要掌握先进的教学理念和信息技术手段。为了设计出高质量的翻转课程，教师需要投入大量时间和精力，研究教材、开发资源、设计活动。同时，教师还要不断更新教学理念，学习现代教育技术，提高信息化教学能力。只有与时俱进、勤于钻研、善于反思，教师才能胜任学习引导者和协助者的角色，推动翻转课堂的深入实施。

（三）学习方式灵活

翻转课堂作为一种创新的教学模式，突破了传统教学的时空限制，为学生提供了更加灵活、多样的学习方式。在翻转课堂中，学生可以根据自己的学习节奏，利用线上资源自主学习理论知识，而课堂则成为巩固知识、深化理解、解决问题的平台。这种线上线下相结合的混合式学习，充分尊重了学生的个体差异，满足了不同学生的学习需求。

对于学习能力较强的学生而言，他们可以利用线上资源快速掌握基础知识，并通过课堂讨论和实践活动进一步拓展和深化。而对于学习基础较弱的学生，则可以反复观看线上视频，通过课堂答疑和教师指导逐步理解和掌握。这种个性化的学习方式，有助于调动学生的学习积极性，激发其内在动机，从而达到因材施教、促进每一个学生发展的目的。

翻转课堂还为学生提供了丰富的协作学习机会。在课堂上，教师精心设计小组讨论、案例分析、情境模拟等互动活动，鼓励学生相互启发、共同探究。在协作过程中，学生不仅能够分享彼此的见解，碰撞思想的火花，还能够培养团队意识、沟通能力和批判性思维等关键素养。这种协作式学习不仅有利于知识的内化和迁移，更有助于学生综合能力的提升。

线上学习资源的多样性也为学生提供了更广阔的学习空间，教师可以整合各种优质的数字资源，如微课、慕课、教学视频等，为学生营造一个信息丰富、形式多样的学习环境。学生可以根据自己的兴趣爱好，选择感兴趣的资源进行探索和学习，开阔视野，拓宽知识面。同时，学生还可以利用线上平台与教师、同伴进行互动交流，分享学习心得，解决学习困惑。这种泛在的学习方式打破了传统课堂的封闭性，为学生提供了更多展示自我、发挥特长的机会。

二、翻转课堂在外语教学中的价值

（一）提高语言运用能力

翻转课堂强调学生主动学习和语言实践，是提高外语教学质量、培养学生语言运用能力的有效途径。在传统的外语教学模式中，教师往往占据课堂的主导地位，大量时间用于知识的讲授和语法的解释，学生被动地接收信息，缺乏语言实践的机会。这种“以教师为中心”的教学方式难以调动学生学习的积极性，更无法真正提升其语言运用能力。相比之下，翻转课堂通过重构课堂内外时间，将知识传授放在课前，把宝贵的课堂时间留给师生互动和语言实践，从而最大程度地发挥学生的主体作用，提高学生的参与度和获得感。

在翻转课堂教学模式下，教师精心设计课前学习任务，提供丰富的自主学习资源，如微课视频、音频材料、阅读文本等，引导学生课前完成知识学习。学生可以根据自己的学习节奏，反复观看视频、聆听音频，通过做笔记、思考问题等方式加深对知识点的理解和记忆。这一过程不仅能够帮助学生掌握语言知识，更能培养其自主学习的意识和能力。而在课堂教学环节，教师则通过设计各种语言实践活动，如小组讨论、角色扮演、情境对话等，为学生提供大量语言输出的机会。在教师的引导下，学生运用课前所学知识，开展口语交际和写作练习，在语言运用中发现问题、解决问题，不断提高语言的表达能力和应用水平。

翻转课堂不仅能够提高学生的语言运用能力，更有利于培养其批判性思维和创新意识。在翻转课堂中，教师不再是知识的权威，而是学习的引导者和协助者。学生通过自主探究和小组合作，学会质疑问难、勇于表达自己的观点，在平等、开放的课堂氛围中展现个性、释放潜能。这种富有挑战性和创造性的学习方式，不仅能够激发学生的学习热情，更能促进其综合素质的全面发展。

要真正实现翻转课堂的教学效果，还需要教师在教学设计和课堂组织上下足功夫。一方面，教师要根据教学内容和学生特点，精心设计课前学习任务和课堂实践活动，做到难度适中、形式多样、趣味盎然。另一方面，教师还应加强课堂引导和过程评价，及时发现学生学习中的问题，并给予针对性的指导和反馈，帮助其不断改进和提高。只有不断深化教学改革，优化翻转课堂的实施策略，才能真正发挥其在外语教学中的独特优势，全面提升学生的语言运用能力。

（二）培养自主学习能力

翻转课堂强调学生自主学习和主动探究，这种教学模式能够有效地培养学生的自主学习能力。传统的外语教学往往以教师为中心，学生被动接受知识，缺乏自主学习的机会和动力。而在翻转课堂中，学生需要在课前完成知识的自主学习，通过观看教学视频、阅读相关材料等方式，提前掌握课程内容。这一过程要求学生根据自身的学习节奏和理解程度，合理安排学习时间，选择适合自己的学习方式，形成个性化的学习路径。同时，学生还需要主动思考，提出疑问，为课堂讨论做好准备。这种自主学习的过程不仅能够提高学生的学习效率，更能培养其自我管理、自我监控的能力。

在课堂上，翻转课堂为学生提供了大量运用知识、解决问题的机会。教师不再是知识的传授者，而是学习的引导者和协助者。学生通过参与讨论、完成任务等方式，将课前学到的知识运用到实践中，加深对知识的理解和内化。在这一过程中，学生需要主动思考、积极表达、勇于质疑，与他人协作交流，共同完成学习任务。这些活动不仅能够提高学生的语言运用能力，更能锻炼其批判性思维、创新思维等高阶思维能力。学生在自主探究、合作学习的过程中，能够不断反思自己的学习策略，调整学习方法，逐步形成适合自己的学习风格。

在翻转课堂上，学生对学习内容有了更多的选择权和控制权，能够根据自己的兴趣爱好和学习需求，选择感兴趣的主题和材料进行探究。当学生将学习与个人兴趣相结合，将知识应用于实际问题的解决时，就会产生强烈的成就感和满足感，从而更加主动地投入学习中。这种源自内心的学习动机，将为学生的可持续发展提供持久的驱动力。

三、翻转课堂在外语教学中的应用

（一）听说课

在翻转课堂的听说课中，利用视频资源引导学生课前练习，为课堂上的互动活动奠定基础。教师精心选取与教学内容相关的视频材料，如纪录片片段、电影对话、新闻报道等，要求学生在课前观看视频，完成相应的听力理解和口语模仿练习。这一过程不仅能够帮助学生熟悉视频中的语言表达，积累词汇和语法结构，还能激发其学习兴趣，培养自主学习能力。

课前视频学习为课堂互动活动创造了条件。学生通过反复观看视频，模仿其中的语言表达，对相关话题有了初步的认识和思考。教师则可以在课堂上设计多样化的互动活动，引导学生运用所学语言知识，围绕视频内容展开讨论和交流。例如，教师可以组织学生进行角色扮演，让其模仿视频中的人物对话；或者开展小组辩论，鼓励学生就视频涉及的问题阐述自己的观点；再或者安排情境模拟，要求学生根据视频内容设计相关场景并进行对话练习。这些互动活动不仅能够巩固学生的语言知识，提高其听说能力，更能培养其批判性思维和创新能力。

在互动活动中，教师应该充分发挥引导和促进作用。一方面，教师要根据学生的语言水平和接受能力，合理设置活动难度和目标，确保每个学生都能参与其中，体验学习的乐趣和成就感。另一方面，教师还应该鼓励学生大胆表达，宽容错误，营造轻松愉悦的课堂氛围。同时，教师要及时给予学生反馈和指导，帮助其纠正语言错误，完善表达方式，引导其探索语言学习的有效策略。

课前视频学习和课堂互动活动并非割裂的两个环节，而应形成有机联系和良性互动。教师在设计课堂活动时，要充分考虑学生的课前学习情况，针对其遇到的问题和困难，有的放矢地开展教学。同时，教师还应该引导学生将课堂所学运用到课后的语言实践中，鼓励其利用视频资源进行自主学习，巩固和拓展所学知识。唯有如此，才能真正实现课内外学习的有机结合，提高学生的听说能力。

（二）阅读课

在翻转课堂模式下，阅读课的教学流程发生了根本性变革。学生在课前自主完成阅读任务，掌握文本的基本内容和主旨，为课堂讨论和问题解决奠定了基础。这种教学模式有效地激发了学生的阅读兴趣，培养了其自主学习能力，使阅读教学真正实现了“以学生为中心”的理念。

与传统的“先教后学”模式不同，翻转课堂中的阅读教学强调“先学后教”。教师在课前精心设计阅读任务单，明确阅读目标、重点和难点，引导学生开展自主阅读。在这一过程中，学生需要运用预测、提问、梳理等阅读策略，主动构建文本意义。他们可以通过画出关键词句、撰写阅读笔记等方式，记录自己的疑问和见解。这些课前准备工作不仅帮助学生初步理解了文本内容，更重要的是锻炼了其独立思考和发现问题的意识。

课堂上，教师不再满堂灌输，而是组织学生开展深入讨论和问题解决。学生以小组为单位，围绕阅读任务中的重点难点展开探究。他们相互交流阅读心得，分享个人见解，碰撞思想的火花。对于疑难问题，小组成员集思广益，通过查阅资料、举证论证等方式寻求解决之道。在这一过程中，学生的批判性思维和合作探究能力得到了充分锻炼。同时，教师适时引导讨论方向，点拨关键问题，帮助学生深化文本理解。

在讨论的基础上，教师还可设计一些拓展性任务，引导学生对文本进行再思考。例如，学生可以就文本中的某个观点撰写评论，或者创作续写故事，又或者就相关问题开展小型研究。这些活动不仅丰富了阅读教学形式，更进一步提升了学生语言运用和创新实践能力。

四、基于翻转课堂的外语教学实施策略

（一）课前

课前阶段在翻转课堂教学模式中占据着至关重要的地位，它直接影响着课堂教学活动的质量和学生学习效果的高低。为了确保课前学习的有效性，教师需要精心设计和提供优质的学习资源，明确学习任务和目标，并对学生的学习效果进行必要的检查和评估。

1. 高质量的学习资源是学生进行课前自主学习的基础

教师应根据教学内容和学习目标，甄选或自制与之相匹配的微课视频、电子课件、学习指南等资源。这些资源不仅要涵盖知识要点，还要包含适当的思考题和练习，引导学生主动思考和实践。同时，教师还要注重学习资源的多样性，采用文本、图像、音频、视频等不同形式，以满足学生的个性化学习需求。此外，学习资源的呈现方式也要力求生动有趣，激发学生的学习兴趣。

2. 明确的学习任务是保证学生课前学习效率的关键

教师要针对学习资源，为学生设置明确、具体、可操作的学习任务，如观看微课视频并记录要点、完成相关习题、撰写学习笔记等。这些任务要与课堂教学活动紧密结合，为后续的知识内化和拓展应用作好铺垫。同时，教师还要对学习任务提出明确要求，如完成时间、提交方式等，帮助学生合理安排学习进度，培养自主学习能力。

3. 客观评估学生的课前学习效果，是优化教学设计的重要依据

教师可以通过在线测试、随堂提问、学习笔记分析等多种方式，了解学生对知识点的掌握情况。这既能帮助教师及时发现学生存在的问题，调整教学策略；也能促使学生重视课前学习，提高学习自觉性。评估结果还可作为学生课堂参与度的重要参考，激励学生积极投入教学互动中来。

（二）课中

在翻转课堂教学模式下，课堂教学活动的设计与组织至关重要。教师需要精心设计互动活动，引导学生积极参与，实现语言输出，并及时给予反馈。互动活动的设计应充分考虑学生的语言水平、认知能力和学习需求，选择恰当的活动形式，如小组讨论、角色扮演、情境模拟等，创设真实的语言环境，激发学生运用语言的欲望。

在互动活动中，教师应鼓励学生勇于表达，大胆尝试，不过分纠正错误，而是着重引导学生在交流中自主调整和完善语言表达。同时，教师还应关注学生的情感体验，营造轻松愉悦的课堂氛围，增强学生的自信心和成就感。通过积极参与互动，学生不仅能够加深对语言知识的理解，提高语言运用能力，还能培养团队协作、批判性思维等关键能力。

在课堂教学中，教师应充分利用信息技术手段，丰富互动活动的形式和内容。例如，借助在线协作平台组织跨班级、跨校区的异步讨论，拓宽学生的交流空间；利用虚拟现实技术营造沉浸式语言情境，提供身临其境的学习体验。信息技术与教学活动的深度融合，不仅能够突破时空限制，满足学生个性化的学习需求，更能激发学生探索语言奥秘的热情。

（三）课后

课后是翻转课堂教学模式中不可或缺的重要环节，在这一阶段，教师需要引导学生对学习过程进行系统的总结和深入的反思，帮助其梳理知识脉络，巩固学习成果。通过布置拓展任务，教师可以进一步深化学生对课程内容的理解，培养其分析问题、解决问题的能力。同时，追踪学生的学习效果也是课后环节的重点。教师应采取多元化的评价方式，全面考查学生的知识掌握程度、能力提升情况和情感态度变化，及时发现并解决学习中存在的问题。

在总结反思环节，教师可以引导学生回顾课前自主学习和课中探究实践的全过程，梳理学习脉络，提炼关键知识点。通过思维导图、学习笔记、小组讨论等形式，学生能够系统地整合所学知识，加深对课程内容的认知和理解。同时，教师还应鼓励学生对学习过程进行反思，思考学习策略的有效性，评估自己的优势和不足，并据此调整和优化后续的学习计划。这种反思活动不仅有助于提高学生的元认知能力，更能培养其自主学习、自我管理的意识和习惯。

布置拓展任务是课后教学的另一项重点内容。为了拓宽学生的知识视野，提升其综合运用知识的能力，教师可以精心设计一些富有挑战性和开放性的任务，如专题研究、案例分析、实践探究等。这些任务应与课程主题紧密相关，同时兼顾学生的认知水平和兴趣爱好。在完成任务的过程中，学生不仅能够深化对所学知识的掌握，还能培养创新思维、批判性思考、团队协作等关键能力。值得注意的是，拓展任务应具有适度的难度和挑战性，既不能太过简单，缺乏吸引力；也不能过于复杂，超出学生的能力范围。因此，教师需要根据学情，灵活调整任务难度，为每一位学生提供适合的发展空间。

参考文献

[1] 方静，王瑞琪，冯凌云. 外语教学与模式研究 [M]. 长春：吉林人民出版社，2021.

[2] 房建军. 新时期外语教育多维创新探析 [M]. 沈阳：东北大学出版社，2022.

[3] 尹晓琴. 互联网+时代外语学习信息素养 [M]. 青岛：中国海洋大学出版社，2022.

[4] 胡永辉，李霄翔. 外语课程“三全育人”的理论与实践研究 [M]. 南京：东南大学出版社，2021.

[5] 张艳丽. 智慧教育时代外语教师的职业发展研究 [M]. 北京：新华出版社，2023.

[6] 王爽，温胜妮. 以跨文化意识为导向的外语教学 [M]. 北京：北京工业大学出版社，2022.

[7] 张芳玲. 中小学外语教学与教师专业发展 [M]. 长春：吉林人民出版社，2023.

[8] 凌玲. 外语专业混合式教学模式的构建与实施 [M]. 上海：上海交通大学出版社，2023.

[9] 王常颖. 数字化时代高校外语教学转型新路径 [M]. 长春：吉林出版集团股份有限公司，2023.

[10] 王定华，杨丹. 智能与赋能 中国外语教育数字化展望 [M]. 北京：外语教学与研究出版社，2022.

[11] 董晓波. 外语学科的智库研究 [M]. 北京：对外经济贸易大学出版社，2022.

[12] 郑娜娜. 外语教育中的跨文化教学与研究 [M]. 长春：吉林出版集团股份有限公司，2021.

[13] 权玉华. 当代高校外语教学与复合型外语人才培养研究 [M]. 长春：吉林出版集团股份有限公司，2023.

[14] 胡立. 外语网络空间教学行为生态优化研究 [M]. 北京：九州出版社，2023.

[15] 贾芝. 数字化时代下应用型高校外语教学创新发展研究 [M]. 北京：中国原子能出版社，2023.

责任编辑　吴　倩

封面设计　墨创 M.C CULTURE

数字战略视角下
酒店综合管理能力提升研究

ISBN 978-7-5208-2748-5

9 787520 827485 >

定价：50.00 元